지하실에서

지하실에서

안 필립 렘츠마 **지음**
조유미 **옮김**

그날 이후로

　나는 원래 집으로 가려고 했다. 시간은 자정이었고 그
들이 차에서 나를 내려놓은 곳은 숲이었다. 쭉 걸어가니
마을이 나타났고, 첫 번째 집에는 불이 켜져 있었다. 집
주인은 두말 않고 나를 들어오라고 했다. 내가 부랑자 같
은 모습을 했는데도 말이다. 나는 아내에게 전화했다.

　"여보, 나야. 나 풀려났어."

　나는 택시를 부르려고 했다. 집으로 가려고. 그냥 45분
정도 더 참는 것은 문제도 아니다, 라고 생각했다. 33일
동안 나에게 허락되지 않았던 순간, 그 꿈꾸던 순간이
왔다. 내 집 문 앞에 서서 벨을 누른다. 아내가 문을 연
다.

자, 이제 나는, 무엇을 할까? 그래, 울어야지, 아마도 쓰러지겠지, 아니야, 그건 안 되지, 아내의 팔이 무거워서 힘없이 떨어지겠지, 휘청거리면 내가 꽉 잡아야지… 아니야, 우리는 아들 방으로 올라갈 거야, (아니면 아들이 소리를 듣고 뛰어내려올지도 모르지) 그리고 우리 셋이서 아들 침대에 누워 (아니면 카페트 바닥에 앉아) 서로 껴안고 있겠지.

"나, 택시 불러서 타고 가면 45분 후면 도착할 거야"라고 말했으니 내가 지난 4주 반 동안 얼마나 현실 감각을 잃었는지 보여준 꼴이 되고 말았다. 아내는 나를 데리러 오겠다고 했다. 그런데 그녀는 "우리 뉴욕으로 가게 될 거야"라고 했다. 하지만 나는 집으로 가고 싶었다. 잠깐 혼란스러운 순간이 왔다. 그리고는 곧 다시 이성을 찾기 시작했다. 나는 지금 밖에서 무슨 일이 일어나고 있는지 모르고 있다. 그녀가 하라는 대로 따를 수밖에 없었다.

30분 동안 나는 집주인에게 나에게 일어난 일을 줄줄이 이야기했다. 그때 경찰이 왔다. 아내도 같이 있었다. 하지만 포옹은 없었다. 우선 지문 채취를 위해 옷들을 벗어서 비닐봉지에 담았다. 그리고는 옆방으로 가서 옷을 갈아입었는데 그때 다리가 후들거렸다. 우리는 드디어 서로 껴안았다. 그날 저녁 TV 인터뷰에서 집주인은 나에게서 '안도'의 감정을 읽었다고 했다. 그는 '안도감'이라는 단어를 'relief'라는 영어 단어로 표현했다. 그의 말이 맞다.

차를 타고 국군병원으로 갔다. 그곳에서 야간근무 대기 중이던 여의사는 꽤 꼼꼼하게 나를 진찰했다. 그녀는 내가 몇 주 동안 지하실에 감금된 사실을 모르고 있었다. 그녀는 내가 분별력 상실과 혼란 상태에 빠져 있다고 진단했다. 내가 납치된 날짜를 제대로 기억하지 못했기 때문인 것 같았다. (날짜가 25일이던가, 아니면 27일이던가)

의사는 특별 심리 검사가 반드시 필요한지는 모르겠고 불안 증세가 아직 진행 중인지도 정확히 알 수 없다는 공식 소견서를 썼다. 아마도 내 모습이 실제 건강 상태보다는 양호해 보였나보다. 하지만 나의 건강 상태는 생각한 것보다 좋지는 않았다. 나는 두 발로 제대로 서있기가 힘들었고 말하는 것도 빠르고 다급하게 미친 듯이 쏟아냈다. 마음에 담았던 말을 전부 뱉어내려 했고 모

든 것을 얘기해서 나를 괴롭힌 사람들을 찾는 데 보탬이
되려고 발버둥 쳤다.

그 사이에 아들이 경찰차를 타고 국군병원에 왔다. 지
금 도착했다고 한다. 아들은 주춤거리며 내가 경찰 심문
을 받던 방으로 들어왔다. 나중에 들은 바에 따르면, 아들
은 나를 살아서 다시 만나리라고 생각하지 않았다고 한
다. 최대한 많은 사랑을 담아 그를 꼭 껴안아주었다. 부자
간의 상봉이라는 현실을 최대한 인식했다. 아들은 내 얼
굴에 잔뜩 자란 수염을 바라보았다. 지하실에는 면도기
가 없었다. 아들은 아버지의 이런 모습을 낯설어했다.

샤워실에 들어가서 거울에 비친 내 모습을 봤다. 머
리카락이 길게 자랐다. 4주반 만에 처음 보는 내 얼굴이
다. 우리 가족은 입원실 방을 같이 썼다. 우리 셋 다 잠들
수 없었다. "내가 실종되었다는 것을 언제 알았어?" "만
약 끝까지 풀려나지 못했더라면 어떻게 됐을까?" 지난
33일 동안 쇠사슬에 묶인 채 파멸의 위기를 겪었던 기억
들이 혼란스럽게 뒤엉켰다.

이름들이 불려진다. 내가 모르는 이름들이다. 경찰이

24시간 우리 집에 상주하며 식탁 아래서 쭈그리고 잠을 자고, 아들 학교 소풍에도 따라가 주고, 아내의 일도 도와주었다. 이루 말할 수 없이 고마웠다. 지하실에 감금됐을 때 나는 집에서 일어나는 상황을 짐작하지 못했고, 그러고 싶지도 않았다. 나를 돕는 사람들이 있었다는 것을 이제 알게 되었다. 경찰, 가족과 친척, 친구들은 나를 버리지 않았다.

나는 아직 말이 잘 안 나온다. 이것, 저것 말이 튀어나오는 정도다. 납치의 충격이 오래 계속되고 있다. 밥은 주던가? 대충 빵조각으로 때웠다. 짐작하다시피 나는 잘 걷지도 못한다. 양쪽 발에 염증이 생겨서 심하게 부어오른 상태다. 발에 쇠사슬을 한 채 이리저리 움직인 결과다. 그리고 엄지손가락은 마비되어 감각이 없어진 지 오래다. 4주반 동안 수갑을 차고 있었던 후유증 때문이다. 의사에게는 그런 얘기는 생략했다. 그런 건 이제 사소한 문제일 뿐이니까.

왜 뉴욕에 가자는 말이 나왔을까? '집에 있다'라는 상황이 어떤 것인지 나는 알기나 한 걸까? 유명 연예인이 나타난 것 같은 소란스러운 상황. 일주일이 조금 지나 집

13

에 와서 TV 녹화방송을 켰을 때야 비로소 나는 상황을 짐작할 수 있었다. 내가 택시를 타고 집으로 직행했다면 플래시 세례를 받았을 거고 마이크가 여기저기서 달려들어 소리를 질러댔을 것이다. 그 사이에 "지금 기분이 어떠십니까?", "범인이 누구인지 아십니까?"라는 질문들이 쏟아지면서 집에 도착한 것이 아니라 방송국에 도착한 것이 되었을 것이다. 나는 돈이고 행복이고 뭐고 다 팽개치고 다시 도망갔을 테고, 영리한 카메라 팀은 내가 비행기에 오르는 모습을 망원렌즈로 찍었을 것이다. 모든 것을 잃었던 자는 또다시 모든 것을 잃을 수 있는 법이다.

내 이야기는 현재는 미디어에서 멀어져 있다. 지금은 전 세계 신문이 사빈 다르덴이라는 벨기에 소녀의 사진으로 도배되어 있다. 그녀는 몇 달 동안 감금당하다 구출되었는데, 감금 중에 심한 학대를 당했고 학대 장면이 동영상으로 찍혔다. 풀려난 후에도 얼굴에 안도의 흔적이 보이지 않았다. 오로지 경악과 절망의 흔적만이 남아 있었다. 경황이 없는 중에 경찰관 하나가 뒤편에서 그녀를 잡고 있었는데 마치 기자들이 그녀를 잘 찍을 수 있게 그녀를 붙잡고 있는 것처럼 보였다.

언론은 정보 공개권을 거론하곤 한다. '절망에 빠진 폭행 피해자 소녀의 얼굴이 공개되어야 하는 정보?' 소녀의 얼굴이 공개되지 않으면 사빈 다르덴의 권리에 어긋나는 것인가? 물론 이는 극단적인 경우이긴 하지만 언론은 극단적인 경우를 주로 다루고 그런 경우로 지면을 가득 채운다.

나는 불평할 처지가 아니다. 내가 유괴되어 있는 동안, 언론은 4주가 넘도록 이 사건을 보도하지 않았다. 몇 주 후 나와 비슷한 사건이 일어났다. 누가 극장으로 유괴되어 살해됐고 범인은 일주일 동안 그의 가족을 협박하다가 체포됐다. 이때 언론이 침묵을 지킨 것은 - 덕분에 아무도 이 사건을 알지 못했다 - 아직 살아 있다고 잘못 추측한 인질의 생명에 악영향을 미치지 못하게끔 취해진 조치였다. 하지만 경찰 측에서 수사에 도움이 되기 위해 그런 조치를 취했을 수도 있다.

4주 반이 지나도록 침묵하던 언론의 욕구는 엄청나게 솟구쳤다. 언론은 처음부터 이 사건을 보도하려 했지만 경찰의 간절한 부탁을 받고 내가 풀려나거나 살해된 다음에야 그동안 묵혀두었던 기사를 특집방송으로 공개하기로 했었다. 언론은 경쟁사를 이기기 위해 여기저기 정보를 캐내고 다녔던 것 같았다. 그 결과 함부르크에 사는 한 유명 여성이 - 당연히 나는 그녀를 모른다 - 나와 골프를 쳤다는 기사를 내놨다. 참고로 나는 골프를 칠 줄 모른다. 또 다른 기자는 우리 집을 헬리콥터로 공중촬영한 후, 자신은 여자친구와 약속이 있어서 가야 한다면서 내 사진을 보내달라고 요청한 적도 있었다.

이런 사소한 소동들이 대형 사건이 터진 후에 종종 벌어지곤 한다. 이러한 소동들 때문에 나는 계속적으로 사생활 침해를 당하는 느낌이다. 그런 느낌이 드는 이유는 언론사의 기자 몇 사람의 태도에 문제가 있어서가 아니라 - 그들의 태도는 아주 친절한 경우가 많았고 때로는 그들의 직업이 매우 힘들겠다는 생각이 들기도 했다 - 단지 그들이 항상 집 앞에 있었기 때문이다.

그들은 뻗치고 앉아서 자신과는 아무 상관없는 사람을 상대하는 삶을 이어간다. 그저 직장에서 월급을 받고 시키는 대로 하는 일인 것이다. 사람들이 자신의 보도를 보고 다함께 생각하도록 하는 임무를 부여받았기 때문이다. 그들은 그런 엄청난 역할을 떠맡고 있는 것이다. 그러니 창문을 통해 사진이 찍히기 싫으면 (당연히 대부분은 그런 식으로 사진이 찍히기를 원치 않는다) 커튼을 칠 일이다.

우편함으로 가는 도중, 불쑥 나타나는 마이크에 놀라고 싶지 않으면 (할 말이 전혀 없고 그냥 우편함으로만 가고 싶다면) 누군가를 먼저 바깥으로 내보내서 아무도 없는지 살펴보도록 하고 사람이 있으면 그냥 집에 머무르는 편이 낫다. 상황이 이렇게 되면 집은 더 이상 집이 아니라 은신처가 된다. 누군가가 불법적으로 내부를 들여다보는 것을 피하는 은신처.

그러던 어느 날, 은신을 포기한 적이 있었다. 나에게 온 편지가 우편함에 들어 있다는 것을 알고서 당당히 문을 열고 나왔는데 집 앞에서 기다리던 사람들이 놀라서 모두 뒤로 물러서는 것이 아닌가. 나는 앞으로 걸어 나왔고 그들이 사진을 찍도록 내버려두었다. 그게 다였다.

이 소문은 금방 퍼졌다. 몇 시간 후에 다른 사진 팀과 촬영 팀이 와서 면전에서 질문을 쏟아냈다. "우리도 찍으

면 안 됩니까?" 그리고 다음 날 우편함에는 자신의 신문
사가 부당한 대우를 받았다는 협박문이 들어 있었다. 협
박문에는 자신들이 동등한 대우를 받지 못할 경우 강경
한 조치를 취할 수밖에 없음을 시사하는 내용이 들어 있
었다. 나는 상황이 조용해지기를 기다렸다. 머지않아 세
상 사람들은 렘츠마 뉴스를 너무 많이 들어버린 나머지,
더 이상 관심을 두지 않았다. 그러다가 프랑스에서 독일
로 이동하던 방사성 물질을 운반하는 과정에서 뉴스가
터졌고 ― "고르레벤(핵폐기물 저장 지역)을 살리자!"라며
― 카메라는 다시 니더작센 주로 방향을 돌렸다.

 이런 소동은 당사자에게 부담을 주고, 때로는 부담스
러운 수준을 넘어 악화된 상황으로 치달을 수 있다. 어느
시사 잡지 기자가 (사람들 눈에 띄지 않게 숨어 있었다) 나
를 붙잡더니 심지어 방해해서 죄송하다고 사과까지 했
다. 특히 그가 근무하는 잡지의 보도 방식을 지적했더니
― "당신네 잡지 기사는 두 문장에 한 번 꼴로 사실과 틀
려요"라고 항의하자 ― 그는 다시 한 번 사과했다. "죄송
합니다. 저도 참으로 유감이지만 저희 편집국이 함부르
크에 있지 않아서요"라며.

지하실에서

나는 변호사의 조언에 따라, 함부르크에 속하지 않는 언론과 긴 대화를 나누었고 (이 자리에서 밝힐 수 없는 분들의 도움으로 인해 최종적으로 일간지인 〈쥐트도이체 차이퉁〉으로 결정했다) 이 대화는 긴 분량의 기사로 게재되었다. 〈쥐트도이체 차이퉁〉이 저작권을 여러 군데에 판매했기에 누구나 그 인터뷰를 읽을 수 있었다.

집 대문 앞에서 찍힌 사진과 동영상은 매일 매체에 등장했다. 이제는 더 이상 뉴스거리가 되지 않는 것과는 상관없이. '렘츠마 사건에서 더 이상 새로운 뉴스는 없다'라는 제목이 달린 기사에는 나의 사진과 함께 '3월 25일, 함부르크에 사는 한 억만장자가 함부르크 외곽에 위치한 자택 문 앞에서 납치됐고 3,000만 마르크(약 150억 원)의 몸값을 지불한 후에 풀려났다. 사람들의 추측에 의하면…'이라는 내용이 담겨 있었다.

이런 보도는 텍스트 분량이 영화 한 편을 상영하고도 남지만 막상 내용을 보면 아무 의미도 없었다. 그동안 '앞으로는 맹견을 꼭 키우셔야 합니다' 같은 여러 통의 조언이 담긴 편지가 왔는데 이번에 배달된 편지 한 통은 언론 매체와 관련된 내용이었다. '언론에 자주 얼굴을 내

19

밀면 안 됩니다. 선생님의 얼굴이 많이 알려지면 다른 새로운 범죄의 표적이 될 수가 있습니다!' 정말 고마운 충고였다.

또 하나의 사진도 있었다. 납치범들이 나를 지하실로 끌고 가서 찍은 사진이다. 나는 트레이닝복을 입은 채 지하실로 끌려가 두 눈을 꼭 감고 의자에 앉아 있었다. 내 뒤로는 탁자가 비스듬히 놓여 있었다. 탁자 위에는 몇 가지의 가정용구가 놓여 있었다. 나는 3월 26일자 〈빌트〉지를 들고 있었고, 그래서 1면 톱기사의 제목과 날짜를 확실히 볼 수 있었다.

곁에는 자동소총을 내게 겨누고 있는 남자의 그림자 윤곽이 보였다. 사진은 전체적으로 과거에 발생했던 납치 사건을 모방한 것 같았다. 예를 들어 사진에 등장하는, 아래쪽으로 향한 자동소총은 마치 적군파의 상징처럼 보였다. 사진에 찍힌 내 얼굴은 코가 특히 많이 부어 있었고 이마에는 상처가 나 있었다. 아내는 범인들이 보낸 그 사진을 보관하고 있었으며 언론에 노출되지 않게끔 조치를 취했다.

내가 풀려난 뒤, 경찰은 수사 목적으로 사진에 약간의

지하실에서

수정 작업을 마친 후 공개할 수 있도록 허가를 요청했다. 그리하여 얼굴을 하얗게 처리한 사진이 공개됐다. 아내는 언론이 한참 시끄러울 당시에도 사생활을 지키려 노력했고 또한 나를 언론으로부터 보호하고자 했다. 그래서 끔찍하게 망신창이가 된 내 얼굴을 그대로 공개하는 것을 막았다. 이렇게 사려 깊게 대비책을 마련했음에도 불구하고 얼마 지나지 않아 모든 것이 수포로 돌아갔다.

〈빌트〉지와 〈슈테른〉지 신문이 원판 사진을 불법 입수한 후, 마치 폴라로이드 사진처럼 저화질로 보이도록 색을 입혀 대문짝만하게 사진을 실은 것이다. 그간 얼굴이 언론에 뜨지 않도록 조심하며 살았다는 것이 이제는 기묘하게 여겨졌다. 이제는 나오든지 말든지 아무 상관이 없다. 이렇게 무관심한 태도를 보이는 내가 스스로도 의아했다.

이러한 무관심은 '그래봤자 어차피 이제는 아무 소용이 없지 않은가'와 '그 사진은 어쨌든 지금의 내 모습은 아니잖아'라는 심정과 한데 섞여버렸다. 내가 보기에 지하실에서 찍은 내 얼굴은 마치 다른 사람을 찍은 사진 문서처럼 보였다. 지금의 내 모습과 일치하지 않을 뿐이다. 내가 사진 속의 내 얼굴과 실제의 내 얼굴이 얼마나 다른지를 알아차리게 된 계기는 〈슈테른〉지를 발행하는 출판사인 〈그루너 운트 야르〉에 초대받았을 때였다.

출판사는 내가 겪은 '사건'을 다룬 언론에게 저널리스트 상을 수여하는 공개 시상식을 개최했는데 그 자리에서 짧은 연설을 해달라고 내게 요청했다. 다시 한 번 대중에게 내 얼굴을 새로 공개해달라는 요청을 받자, 돌연 불쾌한 기분이 엄습했다. 그때 처음 사진의 얼굴이 얼마나 비참하고 불쾌했는지 새삼 느껴졌다. 내 얼굴을 다시 한 번 대중에게 공개하는 것은 납치범들이 아내에게 내 사진을 보낸 것과 다를 바가 없다.

그런데 왜 또다시 이 책에서 그 얘기를 꺼내야 하는가? 왜 이 책에 다시 한 번 얼굴이 등장하고 이번에는 언어를 통해 내 쪽에서 자발적으로 사연을 공개하는 이유가 무엇일까? 바로 대중에게 이미 한 차례 공개됐기 때문에, 그리고 내 이야기는 이미 사방으로 돌아다녔기 때문에, 내 이야기는 이미 풀려나고 몇 시간이 지난 뒤 공공재가 되었기 때문에 나는 나 자신을 위해서뿐만 아니라 (내가 석방되고 '즉시' 이야기를 기록해두기 시작한 이유다)

'공개적으로' 이야기를 다시 체험하고 싶었기 때문이다. 이는 실로 기묘한 체험이다. 내 삶은 이야기 속에서 붕괴되었고 이야기는 그때마다 미디어에 맞추어 대중에게 공개되었다. 나만의 고유한 삶에 대한 저작권이란 존재하지 않기는 하지만 언론이 달려들어 내 삶을 선점하고 이를 왜곡시켜 퍼뜨리는 상황을 감내하는 것이 차라리 훨씬 쉽다는 생각이 든다. 자기만의 고유한 텍스트가 어딘가에 존재한다면 나중에 이 텍스트를 제대로 제시하면 되니까.

아울러 나는 완전히 다른 종류의 성찰도 추가로 얻게 되었다. 즉 또 다른 납치 사건에 대해 알게 되면 내게 도움이 된다는 것을 깨달았다. 납치 사건을 겪은 또 다른 희생자가 불안, 상실감, 고뇌의 순간에 놓인 심정이 어떤지, 그 마음은 어떻게 흘러가는지 조금이나마 아는 것은 도움이 된다. 나는 유사한 사건을 겪은 희생자의 가족과 친지가 보낸 편지를 받았다. 이 중에는 나보다 훨씬 더 끔찍한 일을 당한 사람도 있다. 이 편지는 관심과 온정으로 가득 차 있다.

편지는 내가 모르는 사람이 보냈거나, 때로는 이름을

들으면 누구나 알 만한 사람이 보내오기도 했다. 이는 내가 세상에 복귀한 것을 환영하는 의미로 다가왔고 동시에 특별한 동질감을 전해주었다. 내가 정상적인 생활로 복귀하는 데 엄청난 도움을 주기도 했다. 나는 이 책을 쓰기 시작하며 다음과 같이 기록했다. '다음에도 이런 납치 사건은 또 생길 것이다'라고. 지금 이 원고가 출판사에 가 있는 시점에도 적어도 네 건의 납치 및 납치 미수 사건이 있었으며(이 중에서 인질 살해 사건은 두 건이나 된다), 이는 분명 모방 범행으로 분류되어야 한다. 당연히 나의 납치범들이 얻은 범행 결과를 본 뒤, 자신들도 트렌드를 선도하고자 하는 비뚤어진 자부심으로 저지른 모방 범죄인 것이다. 아마도 누군가가 이 책을 읽고 이를 범행에 사용하게 될지도 모른다.

이 책이 출간되면, 왜 이렇게 빨리 책을 내느냐는 질문을 받을 것이 틀림없다. 그렇지 않아도 기록한 내용을 몇몇 친구와 잘 아는 지인에게 차례차례 돌리는 것으로 충분하지 않느냐고 나 자신에게 묻곤 했다. 나는 이러한 질문을 아주 뚜렷하게 의식했다. 다른 모든 사회와의 접촉이 차단되고 오로지 납치범들과만 지내는 반사회적인 시간 속에서 납치는 친밀함을 강요받는다. 여기서는 예의범절마저 생겨난다. 어느 곳에서나 흔히 생겨나는 예의 말이다.

서로를 아는 법을 익히지만 사회에 비해서 알게 되는 사람의 숫자는 매우 적다. 또한 공감대도 형성된다. (이는 그들과 내가 어떻게 말하고, 얼마나 진지한 태도를 보이고, 분위기를 바꾸는 말을 어떻게 해야 하느냐에 따라 형성된다는 뜻인가?) 그런데 이 모든 것은 권력의 극단적인 차이 속에서 이루어진다. 즉 한 쪽에는 절대적인 권력이 있고 다른 한 쪽에는 절대적인 무력함이 있다. 이러한 차이점의 여파는 지하실을 벗어나도 계속된다. 지하실을 벗어나도 그 일이 그곳에만 남아 있는 것은 아니기 때문이다. 지하실은 물론 내 인생에 남아있지만 그럼에도 내가 지하실에서 강요받았던 친밀함은 나머지 내 인생에서 가능한 한 적게 놔두어야 한다. 뜻하지 않은 친밀함에 맞서는 유일한 방법은 바로 내가 겪은 일을 써서 출판하는 것이다.

나는 다른 사람이 대신 내 이야기를 쓰게 해서 출판시키는 것이 얼마나 멋있는지를 이미 경험한 바 있다. 당사자의 머릿속에는 정돈되지 않은 놀라움에 불과한 이야기를 체계적으로 서술하여, 이를 독자에게 전달하는 광경이란 매우 매혹적인 것이다. 예를 들어 〈슈피겔〉지에 실린 기사를 보라. '방향이 결정적으로 전환되자, 이제 또 새로운 분기점이 나타났다: 납치되었던 얀 필립 렘츠마가 직접 납치를 주도했다. 감금에서 풀려난 그는 편지 한 통을 보내어 중개인 두 명을 새로 끌어들였다.'

물론 이러한 주장은 내가 알기로는 순전히 〈슈피겔〉지 편집자가 꾸민 환상일 뿐이다. 시간이 흐를수록 이런 종류의 이야기가 진짜 일어난 이야기로 둔갑하는 것을 막는 일이 정말로 중요하다는 생각이 확실하게 들었다. 그래서 오직 가족 및 나에게 호의를 베풀어준 이들에게만 나누었던 진실을 공개하기로 했다. 진실의 측면에서 보면, 나는 변태적인 방식으로 그들과 공범일 수도 있다. 지하실에서 느꼈던 친밀감은 물론 이 특별한 공범 의식도 모조리 파괴해야 한다. 이러한 작업은 오로지 공개적으로 이루어져야 한다. 내면에 거리를 두는 일은 아무리 배우고 익혀도 충분하지 않다.

아내와 나는 원래 - 이 책은 아니고 - 책을 한 권 쓰고 싶었다. 33일 동안의 납치 사건에 대한 그녀와 나의 기억이 전부 들어 있는 책을 말이다. 아들은 대화 형태로 그 시기를 회상하는 기록을 만들어주겠다고 했고 다른 관계자도 그 작업에 참여하겠다고 했다. 이 책의 내용이 거의 다 작성된 상태에서 당분간 비공개 상태를 유지하기로 했다. 아내나 아들을 위해서라기보다 '왜 나를 위해서 책을 출판하느냐'라는 물음에 분명히 답하기 위해서 주변 사람들과 충분히 대화를 나눠야 했기 때문이다.

이 책은 끔찍한 인생 에피소드라는 전제 조건이 필연적으로 따라 붙으며 적어도 부분적으로는 내 삶의 일부를 다루어 파괴된 사생활을 결국 되찾게 된다는 스토리이기도 하다. 내가 납치된 후 33일 동안 나의 가족은 어떤 의미에서 매일 대중에게 노출된 삶을 살았다. 이는 언론에 공개된 삶이라기보다 ― 비록 내가 풀려나자마자 즉시 집을 계속 감시하던 기자들이 우리의 사생활을 부분적으로 침해하긴 했어도 ― 우리 집이 수사본부로, 또는 지속적인 회의실로 변화한 데 따른 것이다.

이 시기에 내 가족에게 무엇이 도움이 되었는지에 대해 ― 이걸 어떻게 표현해야 하나? 견뎌내는 데 도움이

됐고(그런데 이 말은 도대체 무슨 뜻인가? 언제는 견뎌낼 수 있고, 언제는 견디지 못한다는 말인가?) - 바로 이러한 사건 이면의 문제도 살펴보고자 한다. 친구, 친척, 변호사, 경찰 등 그들은 언제나 곁에 있었고 절대 불평하는 일 없이 이 시기에 자신의 삶을 상황에 맞게 꾸려나갔다. 그리고 내 목숨을 구하겠다는 목표를 정하고 아내에게 조언과 도움을 아끼지 않았으며 아들에게는 고통스럽기만 한 불확실의 시간을 견뎌낼 수 있도록 도움을 주었다. 아내에게도 이 시기를 기록하는 작업이 사생활을 되찾는 발걸음이 되었다. 아울러 진술과 묘사를 추가로 보완하는 시도를 통해 실질적으로 불분명했던 생각과 느낌을 구체적으로 덧붙이고 보충하는 계기가 되었다.

그 때문에 원래 지하실 바깥에서 일어난 이야기와 지하실 안에서 있었던 이야기를 전부 한 권으로 묶으려던 계획은 뒤집어졌다. 이 때문에 33일 동안의 납치 사건의 또 다른 측면을 출간하게 될지는 아직 최종적으로 결정되지 않았다. '사건'이 일단 법적으로 종결되고 사건의 개요를 공개적으로 얻게 되면 이 사건을 바라보는 시각은 다시 한 번 바뀔지도 모른다. 그러는 동안 시간은 흘러갈 것이고 그렇게 되면 문제를 다루기가 훨씬 쉬워질 것이다. 일단 이 책에서 내 사생활을 기록한 부분은 오로지 나 자신에 대해서만 다뤄지지만 아내의 입장에서 묘사된 상황이 나오는 부분도 있고 다른 몇 사람의 사생활이 관련된 내용도 일부 들어 있다.

그럼에도 불구하고 나는 앞으로 나오는 사건보고 내용을 마치 외부에서 보고 들은 것처럼 써야 한다. 그런데 일방적인 관점을 의식적으로 선택하느라 책의 내용이 손상되는 것을 막기 위해 대략적이고도 연대기적인 서술 묘사로 한정한다. 이 책의 텍스트는 고유한 의미를 잃지 않고 다른 관점에 흡수되지 않으면서 오로지 사건에 대해 '객관적인' 자세를 취하고 있다. 그런 자세를 취하지 않았더라면 위에서 설정한 원래의 목적을 이루지 못한 책이 되고 말았을지도 모른다.

2

33일 동안

나는 저녁 8시 30분경에 '살림집'을 나와 '일하는 집'
이 있는 곳으로 향했다. 내가 납치되지 않았다면 '살림
집'이니 '일하는 집'이니 하는 단어가 생겨나지 않았을
것이다. 이 단어는 나의 주거 상황의 특징을 묘사한 것
으로, 이후 경찰을 통해 전국적으로 언론에 보도되었다.
실제로 우리 가족은 두 채의 집에서 사는 호사를 누리고
있었다. 이 두 채의 집은 같은 거리에 놓여 있으며 50미
터 정도 간격을 두고 떨어져 있다.

일하는 집에는 사무실과 서재가 있고 살림집은 아내
가 사는 공간이다. 거기에는 아들이 쓰는 '원래 방'도 같
이 있다. 언젠가부터 아들은 자기 방을 '원래 방'이라고
불렀다. 고양이 세 마리, 개 두 마리 등 애완동물도 여러

마리가 살고 있다. 상황이 이렇다 보니 나머지 집은 자연스럽게 (내가) 일하는 집이 되었다. 가끔 주말에는 온 가족이 이 일하는 집으로 건너오곤 했다. 그런 경우가 자주 있어서 아들이 자기 방의 불을 끄면 이쪽으로 건너와서 한두 시간 정도 책상 앞에 앉아 있으라며 불러내곤 했다. 그날 우리는 일찍 잠자리에 들려고 했고 나는 (나중에 밝혀진 바로는, 내가 다녀오겠다고 말한 것을 아내는 전혀 듣지 못했다) 책 한 권을 가지러 일하는 집으로 건너갔다.

납치는 오랜 기간 동안 주도면밀하게 계획되었다. 얼마나 오래 계획되었는지 그리고 참가자가 몇 명이고 이 계획을 알고 있는 사람이 얼마나 되는지 나는 전혀 모른다. 지하실이 딸린 이 집은 1995년 6월부터 임대 중에 있었다. 납치범들은 언젠가부터 우리의 생활환경과 생활습관을 염탐하기 시작했다. 납치는 3월 초에 할 계획이었던 것 같은데 그때 마침 학교에 강의가 없어 우리 가족은 2주간 여행을 떠나 있었다. 3월 말까지도 밖은 일찍 어두워졌다.

나는 일하는 집 문 앞에서 누군가에 의해 맞아 쓰러졌고 몸이 묶인 채 차에 실려 어디론가 끌려갔다. 내가 돌아오지 않자 아내는 처음에는 화를 냈다가 이 사람이 아무 말도 없이 그곳에 이렇게 오래 있은 적이 없다는 것을 느끼고 불안해지기 시작했다고 한다. 그녀는 어찌된 일인지 살펴보기 위해 자정쯤 되어 일하는 집으로 건너왔다. 그런데 집 앞에 서 있던 조각상이 쓰러져 있었고 담장에 협박 편지가 놓여 있었다. 편지는 수류탄으로 눌려 있었다.

우리는 렘츠마 씨를 납치했습니다!!!

인질의 몸값으로 다음 금액을 요구합니다 20,000,000마르크

이 금액 중에서 스위스 프랑은 10,000,000프랑

나머지 금액은 독일 마르크로 8,000,000마르크

지폐의 일련번호는 연속적이면 안 되고

새 지폐도 안 됨

1,000마르크짜리 헌 지폐로만 준비할 것

지폐에 일체 표시를 하면 안 됨

- 화학 처리나 자외선, 적외선 표시도 안 됨

우리가 다 검사합니다

인질 인도 방식은 생존 인증을 보낸 후 통보함

> 언론과 경찰을 개입시키면
> 인질은 죽습니다
> 우리의 요구가 관철되면
> 몸값 수령 48시간 후에
> 렘츠마 씨를 부상 없이 석방합니다
> 몸값을 준비하고 기다리면
> 추가 지시사항을 전달하겠음

내 아내 카트린은 우선 프랑크푸르트에 사는 가까운 친구 부부에게 이를 알리고 의논을 했다. 두 사람은 경찰에 알려야 한다는 결론을 내렸다. 친구가 경찰에 신고하는 일을 맡기로 했다. 그녀는 또한 잘 아는 변호사 요아힘 케르스텐에게 전화를 걸었다. 그는 동료 변호사인 게르하르트 요한 슈벤과 함께 즉시 달려왔다. 케르스텐은 돈 마련하는 일을 착수하려고 했는데 슈벤 변호사가 납치범과의 접선은 자신이 맡겠다고 나서줬다.

경찰은 즉시 나타났다. 증거 확보 작업을 위해서다. 아침 6시 30분에 아내는 아들에게 사실을 말한다. 8시경 프랑크푸르트에서 친구가 도착한다. 얼마 지나지 않아

지하실에서

'가족 담당자' 두 명이 도착한다. 오후 무렵에 돈이 준비된다. 경찰은 지폐를 특수 처리하는 문제를 상의해 왔다. 새로 나온 특수 물질로서 비전문가는 식별할 수 없다는 설명을 듣고 아내는 동의한다. 우리 집 차는 두 대가 다 GPS 장치가 달려 있어서 돈을 넘기러 갈 때 경찰이 경로를 추적할 수 있도록 장치를 설치했다.

아내는 이어서 우편물 수령 위임장에 서명한다. 이렇게 해두면 경우에 따라서 협박 편지를 중앙우체국에서 미리 빼내어 범인을 추적할 수 있다. 일하는 집과 살림집의 전화기에는 도청장치가 설치됐다. 앞으로는 경찰관 두 명, 변호사 두 명, 프랑크푸르트 친구, 친지가 함께 집에 상주하게 된다. 다들 캠핑장 같은 조건 하에 잠자리를 청하고 걱정과 불안을 서로 나눈다. 그들은 아들 요한을 돌보고 그의 관심을 다른 곳으로 돌리려 애쓰고 앞으로 어떻게 해야 할지 의논한다.

3월 27일 수요일

납치범들이 보낸 편지가 도착한다. 이번에는 앞서 언급했던 폴라로이드 사진이 동봉되어 있었다.

몸값 20,000,000 독일 마르크

그중 10,000,000 스위스 프랑

1,000마르크짜리 지폐로만 준비되었으면

현관문 앞에 보낸 지시사항을 보고

〈함부르거 모르겐포스트〉 신문의 '함부르크 시민 안부 소식란'

에 광고를 내고

광고 제목은 '행운을 빌어요, 카트린, 소식 주세요'라는 제목을

쓸 것

그리고 팩스 번호 기입 바람

경찰과 함께 광고 문안을 작성하고 〈함부르거 모르겐
포스트〉 신문에 전달한다. 경찰의 요청으로 앞으로는 광
고 끝부분 교제 광고란에 싣기로 한다. 광고 문안은 다음
과 같다(여기에는 인질이 살아 있는지를 묻는 암시적인 내용도
포함된다). '행운을 빌어요, 카트린 / 소식 주세요 / 정말
잘 지내고 있지요? / 팩스 866 36 59.'

3월 28일 목요일

광고가 약간 변형된 형태로 신문에 실렸다. '행운을 빌

어요, 카트린 / 개인적으로 소식 전해줘요 / 866 36 59 /
걱정하지 말아요.' 납치범들이 보낸 두 번째 편지가 도착
한다.

경찰에 알리셨는데

실수하셨습니다

남편을 살아서 보고 싶다면

남편이 풀려날 때까지 모든 수사를

중단하게 하시오

수사 과정이 계속된다면

우리는 연락을 멈출 것이고

그러면 남편은 수 주 동안

비참한 상황을 계속 겪게 됩니다

몸값을 건네줄 때 경찰이 어떤 형태로든

돈에 표식을 남긴다면

남편은 점점 더 혹독한 고통을 당할 것이요

    이 편지와 더불어 내가 지하실에서 쓴 두 통의 자필
편지가 동봉되었다. (나중에 내가 쓴 편지 내용을 인용하고

이에 대해 설명할 것이다. 내 편지에는 지하실 밖에서 일어난 사건에 대한 정보는 거의 없다) 이제 누가 몸값을 넘길 것인가를 놓고 여러 논의가 진행된다. 물론 아들은 엄마가 직접 돈을 넘겨주는 것을 원치 않는다. 아내는 아들에게 자기가 범인들의 차에 동승해야 하는 상황이라면 절대 돈을 넘겨주지 않겠다고 굳게 약속했다.

⚓ 3월 29일 금요일

납치범들로부터 또 한 통의 편지가 왔다.

> 신문 광고를 읽고
> 부인이 돈을 마련했고
> 지불 용의가 있다는 것을 알았습니다
> 개인적으로 접촉할 이유는 없고
> 남편이 잘 있다는 사실을
> 충분히 증명했고
> 우리의 지시를 잘 따르면
> 아무도 변을 당하지 않을 것이오
> 우리는 안 카트린 셰러가 직접

혼자서 돈을 넘겨주기를 바랍니다

남편이 몰았던 볼보를 타고 오시오

자동차 지붕 위에 오렌지색 점멸등을 설치하고

점멸등은 시가 잭으로 충전해 작동하시오

돈은 조수석에 놓으시오

돈은 손잡이가 달린

나일론 자루에 넣으시오

돈은 묶지 말고 이미 말했듯이

지폐에 어떠한 표시도 있어서는 안 되며

어떠한 추적 장치도 있어서는 안 됨!!!

사복을 하든 아니든 경찰이

동행하거나 감시해서는 안 되며

헬리콥터나 민간 순찰차나 어떤 경찰 차량이라도

부인을 따라온다면 우리는 즉각 연락을 끊을 것입니다

추적 장치를 한 헬리콥터나 경찰차가 움직이면

남편은 더 고생을 하게 될 것이오

경찰에게 경고합니다 : 우리가 돈을 넘겨받을 때나

또는 그 직후에 경찰이 방해하면

일체의 경고 없이 사격을 개시할 것입니다

> 돈을 넘겨받기 직전에 '866 36 59번'으로
>
> 팩스를 보낼 것이오
>
> 부인은 그 즉시 차로 출발하고
>
> 우리의 지시를 따르시오
>
> 우리가 하라는 대로만 행동하면
>
> 위험은 없을 것이오
>
> 매일 밤 21시부터 6시까지 돈을 넘길 준비를 하고 있으시오
>
> 모든 일이 순조롭게 진행된다면
>
> 남편은 48시간 후에 풀려날 것이오

　게르하르트 요한 슈벤을 몸값 배달부로 활용하기 위해 추가 광고 문안을 작성한다. 경찰은 이 작업을 기동 특수부대에 맡기고자 했지만 결국 슈벤에게 맡기기로 했다. 돈이 집에 도착했다. 특수 처치가 되어 있는 돈이다. 카트린은 48시간인 기한을 줄여달라는 부탁을 적은 편지를 돈과 함께 동봉한다. 언론은 이미 집 전체에 감시망을 깔고 있었다. 경찰은 언론에게 매일 상황 보고를 하지만 가족의 요청에 따라 보도는 하지 않는 것으로 했다.

광고가 나갔다. '행운을 빌어요, 카트린 / 저는 신호가 필요해요 / 저는 준비가 다 됐지만 아직 실행에 옮기지 못하고 있어요 / 게르하르트가 저를 위해 모든 걸 할 거예요 / 그는 예전에도 저를 도와주었어요 / 소식 전해줘요 / 팩스: 866 36 59'

이어서 납치범들이 보낸 편지가 도착한다.

친애하는 경찰심리학자 선생님

광고를 잘 읽었습니다

범행에 관련된 사람이 몇 명인지는

곧 알게 될 것입니다

모든 것은 우리가 셰러 부인에게

요구한대로 진행해야 합니다

즉 셰러 부인이 직접 돈을 전해야 합니다

팩스 866 36 59번이나 전화 866 31 44번 또는

866 31 58번을 통해 소식을 전하겠습니다

준비하고 있으시오

돈을 전달하는 것이 실패하거나

> 경찰이 체포를 시도하면
>
> 렘츠마 씨의 손가락 하나를 자르겠습니다
>
> 그의 코는 이미 부러진 상태입니다
>
> 모든 것은 알려드린 대로 진행할 것입니다

아내는 돈을 전달하는 과정 중에 생길 불상사에 대비해서 아들에게 보내는 편지를 써둔다. 저녁에는 '렘츠마 특별위원회'의 대표인 달레키 씨와 랑엔되르퍼 씨와 함께하는 회의가 있었다. 경찰은 이른바 '이행 규칙'을 엄격히 준수하겠다고 약속한다(인질의 생명을 절대 우위에 놓고 납치범이 제시한 조건을 그대로 이행하고 인질이 석방되거나 죽은 후에야 수사를 착수하겠다는 약속이다).

3월 31일 일요일

경찰은 납치범의 마지막 편지를 근거로 우편물 수취 위임장의 범위에 소포도 포함시킨다(잘린 손가락을 소포로 부칠 수 있기 때문이다). 아내는 납치범과 배후 관계를 가질 수 있는 사람이 있는지를 묻는 경찰에 대답한다.

"너, 그 얘기 들어봤니, 라고 시작하는 말이 돌면서 납

치 소식이 서서히 퍼지고 있었고 언론의 취재 과정에서
나의 직장인 함부르크 사회연구소에도 소식이 들어갔어
요. 연구소에는 갑작스럽게 해외로 떠나게 되었다는 통
보만 해 놨지요. 이제는 연구소 직원들도 납치 소식을 알
게 되었어요. 그리고는 30명이 넘게 근무하는 연구소 밖
으로 절대 이야기가 새어나가지 않게 주의를 해두었습
니다."

§ 4월 1일 월요일

다시 광고가 실린다. '행운을 빌어요, 카트린 / 당신이
여전히 잘 지낸다는 것을 내가 알게 되면 게르하르트는
출발할 준비가 되어 있어요 / 소식 전해줘요 / 팩스: 866
36 59.'

납치범들의 편지가 도착한다.

언급한 게르하르트가 슈벤 변호사라면
돈을 전달할 때 세러부인과 함께 동행해도 좋습니다
모든 것은 지시한대로 진행하시오

말씀드린 시간대에 대기하시고

우리의 요구사항을 따르시오

그러면 남편은 부활절에 집으로 돌아갈 것이오

협박문 외에 내가 지하실에서 쓴 두 쪽 분량의 자필 편지가 동봉되어 있었다. 카트린은 GPS가 장착된 자동차를 타고 시험 주행을 완료한다. 〈빌트〉지에서 전화가 온다. 납치범들에게 사건을 언론에 공개하겠다는 경고를 보내는 것이 좋지 않겠느냐는 제안이다. 그러는 사이 신문기자, 방송기자, 사진기자들이 집 앞 거리에 자리를 잡는다.

✎ 4월 2일 화요일

아침 신문에 광고가 실렸다. '행운을 빌어요, 카트린 / 왜 사진을 제게 보내지 않는지요? 그 이유를 말해주세요 / 저는 무사히 잘 지내고 있어요 / 꼭 소식 전해줘요 / 팩스: 제 번호는 알고 계시죠.'

하루가 지나자 지하실에서 보낸 나의 자필 편지가 도착한다. 다음 날 실을 광고 문안을 작성한다. '행운을 빌어요, 카트린 / 우리 두 사람은 '당신'이 원하시는 대로 다 하고 있어요 / 우리가 무언가 구체적이고 현실적인 것을 읽거나 보지 못한 채 오랫동안 기다리게 하지 말아 주세요. 그렇게 해주실 거죠? / 꼭 소식 전해줘요 / 팩스: 제 번호는 이미 알고 계시죠.'

새벽 2시 45분에 납치범들의 전화가 걸려오고 슈벤이 전화를 받는다. 납치범들이 음성변조기를 사용했기 때문에 무슨 말인지 알아듣지 못한다. 녹음된 통화 내용을 여러 번 듣고 나서야 지시 내용을 제대로 알아들을 수 있게 된다. 바렌펠트 아우토반 진입로로 차를 몰고 가서 그곳 교차로에서 통지를 받으라는 내용이다.

지도에는 교차로가 명시되어 있지 않았다. 카트린과 슈벤은 GPS가 장착된 차를 타고 경찰 감시 하에 그곳으로 갔지만 연결 차량이 늦게 도착하는 바람에 경찰이 나서서 해결한다. 이어 차량 교체가 이루어졌다. 교차로는 여러 도로가 교차하는 지점이기 때문에 걸어서 도착했다. 납치범들이 보낸 추가 지시사항이 전기함 뒤편에 놓여 있다. 지시사항은 투명 덮개로 덮여 있었고 덮개에는 접착테이프가 붙어 있었다.

점멸등을 켜시오

(계속해서 켜시오)

차를 몰고 하노버 방면

엘베 터널을 지나가시오

시속 80킬로미터를 넘기지 마시오

오른쪽 차선을 유지하시오

추월하지 마시오

당신의 자동차에 장착한 것과

똑같은 오렌지색 점멸등을 보면

차를 멈추시오

돈을 꺼내고 자루를

점멸등 부근에 있는 오렌지색 밧줄에

걸어놓으시오

그런 다음 즉시 차를 몰고 가시오

점멸등을 못 보았다면 운전을 멈추시오

'마센 교차로까지 3000미터' 라는 표지판으로 가서

두 번째 지시사항을 수취하시오

시키는 대로 운전했다. 아무리 둘러보아도 점멸등은

보이지 않는다. '마센' 표지판이 보인다. 표지판은 물론 가드레일에도 추가 지시사항은 보이지 않는다. 집으로 돌아가 경찰과 의논한다.

▌4월 3일 수요일

어제 작성한 광고가 신문에 실렸다. '행운을 빌어요, 카트린 / 무슨 일인가요? / 꼭 소식 전해줘요 / 제 번호는 이미 알고 계시죠.'

▌4월 4일 목요일

납치범의 편지는 동봉되지 않고 지하실에서 내가 쓴 편지 두 통만 온다. 하나는 카트린에게, 나머지는 슈벤에게 쓴 편지다. 카트린은 나중에 이 편지들을 '공포의 편지'라고 불렀다. 밤 11시에 납치범으로부터 전화가 왔는데 이번에는 훨씬 알아듣기 쉬웠다. 전화 내용은 납치범 측의 불평으로써 우리가 나타나지 않았다는 내용이다. 이어서 다음 날 밤 9시에서 11시 사이에 전화하겠으니 이때 슈벤의 신원을 확인하는 질문을 할 것이니 그에 대답하라고 통고한다.

전화는 걸려 오지 않는다.

신문 광고가 나간다. '행운을 빌어요, 카트린 / 왜 안 오는 건가요? / 당신과 관련해 아무 일도 일어나지 않았어요 / 기다리기가 힘드네요 / 소식 전해줘요 / 제 번호는 이미 알고 계시죠.'

경찰은 내가 죽었을 가능성이 크다고 보고 친지들에게 아내를 자주 들여다보기를 청한다. 다음 날 나갈 광고 내용에는 남편이 살아 있는지를 알아낼 수 있는 사적인 질문을 포함시키기로 했다. '행운을 빌어요, 카트린 / 말해 봐요: 베니의 두 다리의 이름이 뭐죠? / 무조건 오늘 전화 주세요 / 모든 것은 오래 전부터 준비되어 있어요 / 제 번호는 이미 알고 계시죠.'

새벽 3시에 전화가 걸려온다. 납치범의 목소리는 이번에도 심하게 변조되어서 슈벤은 두 번 반복한 뒤에야 신원을 확인하는 질문에 대답할 수 있었다. (우리 두 사람의 학창 시절, 그 당시 선생님이 어떤 종류의 장애를 가지고 있었는지를 묻는 질문이었다) 그 외에 특별한 내용은 없었다.
'앞으로 며칠 후' 전화를 하겠다고 했다.

4월 7일 부활절

아무런 연락이 없다.

4월 8일 월요일

카트린은 다시 전화가 오면 자신이 직접 받으리라고
결심한다.

4월 9일 화요일

4월 6일에 작성한 광고 문안이 신문에 게재된다. 이
번 광고 내용에도 남편이 살아 있는지를 확인하는 뉘앙
스의 질문이 포함된다. '행운을 빌어요, 카트린 / 우리가
사는 두 집의 별명을 잊어버렸어요. 무엇이었죠? / 오늘
소식 전해줘요 / 제발 차를 타고 출발하게 해주세요 / 제
번호는 이미 알고 계시죠.'

납치범의 편지가 왔다.

우리는 당신과 슈벤 씨가 경찰과 협력하고 있다는

결론을 내렸습니다

그렇다면 이 일이 마무리되는 데에는

시간이 좀 더 걸릴 것 같습니다

우리는 시간이 많아요

당신이 누구를 대변해야 하는지

신중하게 생각해 보시기 바랍니다

돈을 넘기는 두 번째 시도는

경찰이 나타나는 바람에 중단되었습니다

그 때문에 함부르크에서는 돈을 전달하는 추가 시도를 할 공간이

더 이상 없다고 봅니다

이 모든 것 때문에

당신 남편의 고통은

불필요하게 연장됩니다

우리는 또한 더 이상 경찰 심리학자와

전화로 대화를 나누고 싶은 생각이 없습니다

친지 분들 중 한 개의 휴대폰을 구해서

다음 주 수요일에 접촉할 때 전화번호를 알려주시오

그러면 음성변조 없이

깨끗한 통화로 안내하겠습니다 (21시 이후)

그밖에도 돈을 투하하기 적당한

경비행기(세스나)를 한 대 빌리시오

비행기에서 던져도 이상이 없도록 돈을 잘 포장하시오

비행기는 목요일과 토요일에

1800피트 시계 비행으로 나는 것이

가능하도록 준비해주시고

실제로는 1000~1500피트를 날 수 있어야 합니다

비행 날짜는 비행 전이나

비행 중에 휴대폰으로 알려 드립니다

이번 시도가 실패하면

시간이 더 걸릴 것입니다

그리고 몸값은 1,000만 마르크가

더 올라갈 것입니다

돈을 넘겨받는 것이

너무 위험하다고 판단되면

우리는 렘츠마 씨를 살해할 것입니다
현명한 판단을
내리십시오
비행기의 항속 거리는 800~1000 킬로미터여야 하고
운행 속도는 시속 200 킬로미터를
유지하시오

이 협박 편지에는 내가 지하실에서 받아 적은 편지 두 통이 동봉되어 있었다. 그 중 한 통에는 지난 번 전화를 받은 사람이 슈벤이 아니고 경찰이었다는 납치범의 의견이 보고되었다. 경찰이 슈벤에게 질문을 전달하느라 슈벤의 답변 속도가 느렸다는 주장이었다.

납치범들의 요구에 적당한 비행기를 찾아냈고 요구 내용에 맞게 조절해놓았다. 임무를 수행할 조종사도 구했다. 돈 자루를 투하하는 임무는 슈벤이 맡기로 했다. 밤 11시 직전에 전화가 온다. 카트린이 직접 전화를 받고 음성 변조한 납치범에게 경찰이 도청하고 있지 않다고 알려준다. 또한 납치범들의 요구사항을 들어주겠다고 말한다.

납치범의 대답: 슈벤은 한 시간 후인 자정에 애틀랜틱 호텔에 명함을 맡긴 후 대기하고 있으라는 내용이다. 차를 몰고 호텔에 도착한다. 슈벤이 건너편 이비스 호텔에서 전화를 기다리라고 한다. 다시 신원을 확인하는 질문이 오가고 이번에는 문제없이 통과한다. 그리고는 차분하게 하나씩 하나씩 지난 번 접촉 시도가 왜 실패했는지를 토론하기 시작했다. 차가 너무 늦게 와서 실패했다든지, 자정 말고 다른 시간에 전화해줄 수는 없는지, 인질은 어떻게 지내는지(잘 지낸다)…. 문제를 해결하려면 빨리 서두르는 것이 좋겠다. 돈을 넘기고 인질을 석방하는 데 48시간이나 걸려야 하는지(최대 임계 시간을 말한 것이다)…. 이제는 어떻게 해야 하는지를 묻자 "며칠 후에 연락하겠다"는 답이 왔다.

4월 11일 목요일

그 사이에 납치 사건은 함부르크는 물론 다른 지역에서도 화제의 중심으로 떠오른다. 전화가 수없이 오고 친구들의 편지가 답지하면서 도움의 손길을 내미는 경우가 많았다. 경찰은 4월 27일까지 계속해서 광고 문구를 바꿔가며 게재하기로 했다. 예를 들면 '나는 기다리고 있어요', '서둘러주세요', '소식 전해줘요', '무슨 일이죠' 등의 문장을 조합하고 변형시켜가며 내가 살아 있는지를 묻는 추가 질문에 포함시킨다. 이런 문장들은 범인들과 소통할 때 별로 큰 역할을 하지는 않는다.

4월 12일 금요일

아무 일도 없다.

4월 13일 토요일

오전에 납치범으로부터 전화가 걸려온다. 슈벤은 룩셈부르크로 차를 몰고 가라는 지시를 받는다. 납치범은 루트를 정해준다. 슈벤이 특정 호텔에 가서 객실을 잡고 다음 지시를 기다려야 한다는 것이다. 슈벤은 자신이 차를 천천히 몰기 때문에 시간이 필요하다고 말한다. "알았다. 언제 출발할 수 있는가?" 슈벤은 한 시간 후라고 말하려다 옆에 있는 경찰의 몸짓을 보고 두 시간 후라고 말한다.

그는 차에 여성 동료 한 명을 태우고 국경까지 가서

내리도록 하겠다고 제안한다. 슈벤의 제안이 받아들여
진다. '동료'는 이전의 협상에 따라 여성 경찰관으로 정
했다. 여성 경찰관이 예정보다 늦게 도착했다. 밤이 됐다.
납치범들이 룩셈부르크 호텔로 전화를 하고 신원을 확
인하는 질문을 계속 던지는 과정에서 심한 음성변조 때
문에 슈벤이 잘 알아듣지 못해 대답을 잘못하는 일이 생
겼다. 그럼에도 불구하고 납치범은 근처 주유소로 가서
다음 지시를 기다리라고 말한다. 그 지시는 다음과 같다.

약 시속 80킬로미터로 아우토반을 타서

트리어 방향으로 가시오

독일 국경 뒤편 첫 번째 휴게소에서 정차하시오

휴게소 이름은 마르크스베르크 입니다(약 5킬로미터)

그곳에 두 번째 지령이 있습니다

휴게소에 도착하자마자

오른쪽으로 방향을 트시오

그곳에 커다란 쇠창살문이 있고

(주차장 입구 바로 앞임)

지령은 오른쪽 기둥에 있음

그곳에는 다음과 같은 내용의 지령이 적혀 있었다.

돈을 쇠창살 옆 오른쪽에 있는

울타리 너머로 던지시오

코블렌츠 고차로 / 자르브뤼켄 / 트리어까지

계속 달리시오

그곳에서 유턴해서 호텔로 돌아오시오

우리가 돈을 넘겨받는 데에

어려움이 생기면 전화하겠소

만약 우리들로부터 아무런 연락이 없으면

모든 것이 잘된 것으로 아시오

늦어도 48시간 뒤 렘츠마 씨는 돌아올 것이오

함부르크에 보고가 간다, 모든 것이 순조롭게 진행됐다고.

4월 14일 일요일

돈은 전달되지 않았다. 관광객으로 위장한 경찰이 한 시간 후에 돈을 안전하게 확보했다. 카트린은 미하엘 달

레키와 대화를 나눈다. 돈을 전달하는 일이 실패한 이유
는 불분명하다. 슈벤과 경찰 사이에 무거운 긴장이 감돈
다. 카트린은 다음에는 자기가 혼자 차를 몰고 가겠다고
알린다. 동행이 불가피하면 프랑크푸르트 친구와 함께
가겠다고 했다.

카트린은 자동차에 필요한 장치를 더 장착할 것을 부
탁한다. 경찰이 따라오지 말 것을 요구한다.

4월 15일 월요일

다음 날 신문에 게재할 광고 문안을 작성한다. '행운
을 빌어요, 카트린 / 당신이 원하는 대로 다 했는데요 /
무슨 일이죠? 어차피 우리 둘 다 같은 걸 원하잖아요 –
그것도 가급적 빨리요 / 소식 전해줘요.'

저녁에 미하엘 헤어만이 문 앞에 서 있었다. 함부르
크 시의회와 항구 주민들 사이의 중재 역할을 하던 시절
에 알게 된 지인이다. 그는 경찰이 없는 틈을 타서 납치
범이 아른트 목사에게 전화를 했다고 카트린에게 알
려준다. 아른트 목사 역시 그 중재 단체에서 일하던 사
람이었다.

또한 납치범은 클라우젠이라는 교수에게도 (내가 모르는 사람이다) 전화를 걸어 돈 배달부 노릇을 할 수 있느냐고 물어보았다는 것이다. 헤어만은 그들이 납치범의 전화를 받은 이유는, 지하실에 갇혀 있을 때 내가 그들의 이름을 언급했기 때문이라고 했다. 납치범은 이어서 이번이 마지막 시도가 될 것이라고 말했다고 한다.

4월 16일 화요일

헤어만은 항상 손님이라는 핑계로 경찰을 뚫고 집을 드나들며 위로와 격려를 아끼지 않으면서 내가 지하실에서 보낸 편지에서 납치범들이 정말로 그런 것을 물어본 적이 있다고 전했다. 내가 아른트 목사와 클라우젠 교수를 돈 배달부로 지명한 것을 확인했다고 한다. 또한 헤어만은 납치범들이 아른트 목사에게 보낸 편지의 사본을 카트린에게 건네줬다. 납치범들의 편지 내용은 다음과 같다.

존경하는 아른트 목사님
존경하는 클라우젠 박사님

두 분께서 전달자 역할을 맡을 용의가 있다는 데 대해

깊은 감사를 드립니다

우리는 두 분에게 절대로 위험한 일이

일어나지 않을 것이라고 약속드립니다.

두 분께서 아시다시피

우리는 렘츠마 씨를 납치했으며

3,000만 독일 마르크(이 금액 중 절반은 스위스 프랑이며

나머지 독일 마르크는 어떠한 표식도 되지 않은

1,000마르크짜리 지폐입니다)의 몸값을 요구했으나

돈을 넘겨받으려는 세 차례의 시도는

(경찰이 개입하는 바람에) 실패로 돌아갔습니다

렘츠마 씨의 몸 상태는 좋습니다

저는 두 분에게 말씀드리고자 합니다

우리는 몸값을 수령한 뒤 48시간 이내에

렘츠마 씨를 온전한 상태로 석방시키겠다고 말입니다

경찰은 우리가 어차피 렘츠마 씨를

죽일 거라고 말하겠지요

하지만 그것은 사실이 아닙니다!

고액을 지불한 뒤에 희생자가

살해당하는 경우는 없습니다

이번 경우도 마찬가지입니다

우리는 이 일을 하나의 사업으로 여기고 있으며

합의한 사항은 전부 지킬 것입니다

하지만 이것은 반드시 얘기하고

넘어 가겠습니다

경찰이 지금과 같이 계속 작전을 주도한다면

렘츠마 씨는 죽게 될 것입니다

또한 우리의 인내심도

언젠가는 끝나게 될 것입니다

그렇기 때문에 저는 두 분께

돈을 전달받는 용무가 신속히 마무리될 수 있도록

진심으로 부탁드립니다

저는 두 분께

우리의 모든 합의사항을 정확하게

준수할 것이고

아울러 슈벤 변호사처럼

표리부동한 속임수를 쓰는 쪽으로 가지 않을 것을

다시 한 번 약속합니다

납치범들은 돈을 넘겨받는 시도를 실제로는 두 번 했음에도, 여기서는 왜 굳이 세 번이라고 주장했는지 알 수 없다.

이번에는 경찰에게 알리지 말고 우리가 해결하자는 데 의견이 일치한다. 하지만 하필이면 이 시점에 헤어만이 갑자기 등장한 것은 미심쩍은 면이 있다. 납치범이 그를 새로운 돈 배달부로 결정한 듯한 인상을 준다. 처음부터 그가 납치범 편일 수도 있기 때문에 경우에 따라서는 경찰이 감시하며 그를 주목할 필요가 있다.

4월 17일 수요일

헤어만이 미심쩍은 휴대폰을 전달한다. 그 휴대폰으로 경찰 감시를 피해 전화를 할 수 있다. 아른트 목사와 클라우젠 교수도 역시 각각 휴대폰을 받는다. 1,000만 마르크를 따로 조달해야 하는데 이를 위해서 목사와 교수가 경찰 감시를 피해 돈을 조달해야 한다. 한 번 마련한 금액을 또 한 번 조달해야 할 형편이다.

돈은 더 이상 함부르크에서 조달이 안 된다. 그래서 뉴욕에서 우리 자산을 관리하는 사람이 미국 현지 변호사와 함께 돈 조달에 착수했고 몇 시간 후 이곳에 도착한다는 통지를 했다. 신문 광고는 계속해서 나가고 언론은 현 상황을 계속해서 주시하고 있다. 경찰이 제공하는 정보 상황에 따라 민감하게 반응하는 것이다. 때때로 방송사 헬리콥터가 집 위를 빙빙 돌곤 한다. 한 잡지 기자가 내가 졸업한 학교에 가서 학생기록부를 보여 달라고 했으나 거절당한 일도 있었다.

4월 18일 목요일

헤어만에게서 연락이 왔다. 그동안 클라우젠 교수에게 보낸 편지도 도착했다고 한다(편지는 킬 대학교로 부쳐졌다). 미국 현지 자산 관리인들이 도착한다. 그들은 민간 보안업체인 ESPO와 접촉했다. 이 업체의 본사는 미국에 있고 독일에 지사를 두고 있다. 헤어만이 왔다. 납치범이 보낸 편지가 아른트 목사와 클라우젠 교수에게 배달됐다고 한다.

존경하는 아른트 목사님
존경하는 클라우젠 교수님

지하실에서

두 분이 우리 편지를 받고

서로 만나셨으리라 생각합니다

두 분께서는 틀림없이

세러 부인과 그녀의 변호사와

그리고 경찰과도

상의하리라고 봅니다

이 일은 전혀 경찰의 도움이

없는 상황에서 몸값이 전달되어야

피를 흘리는 일이 없게 됩니다

당신들은 이 상황 전체를 어디까지나

사업으로 여겨야 합니다

몸값이 지불되면 사는 거고

몸값이 지불되지 않으면 죽는 겁니다

이 일 전체가 이미 4주를 질질 끌었기 때문에

우리의 인내심은 서서히 바닥을 드러내고 있습니다

지금처럼 경찰 작전이 계속된다면

렘츠마 씨는 죽음을 확실히

보장받게 될 것입니다

우리는 서면 왕래를 위해서

클라우젠 씨의 주소를

이용하겠습니다

아른트 목사님은

지인들로부터 휴대폰을 한 대 마련하십시오

경찰과 관련이 없는 휴대폰이어야 합니다

두 분이 금요일 20시에 집에 계시면

그때 연락을 드리겠습니다

그때 어느 호텔로 가도록 부탁드리겠습니다

그러면 그곳 카운터로 전화를 하겠습니다

그때 전화번호를 알려주십시오

우리는 이 일 전체가 두 분의 협력 덕분에

머지않아 피를 흘리지 않고

끝맺을 수 있기를 바랍니다

카트린은 경찰이 집을 떠나야 한다는 결론에 도착한다. 헤어만이 새로운 돈 배달부를 한다고 경찰에 알린다. 이번에는 경찰에 통보하지 않고 돈을 넘겨줄 것이다. 이렇게 된 마당에 상주하던 공무원들도 집을 떠나겠다고 한다. 카트린은 그 제안을 수락한다.

달레키와 대화하면서 이번에는 경찰을 빼고 진행하기로 결정했다고 밝힌다. 돈은 클라우젠 교수에게 맡긴다. 납치범들이 그쪽으로 연락할 것이기 때문이다. 납치범이 아른트 목사에게 전화를 건다. 그는 지정하는 공중전화 부스로 가서 신원을 확인하는 질문에 대답해야 한다. 납치범은 우리들이 자기들을 속여 가며 거래했다고 불평을 늘어놨다. 그 외의 다른 말은 없었다.

ESPO 관계자들을 만난다. 범인들을 속이려는 시도를 그만두어야 한다는 조언을 듣는다. "경찰이 개입하든 안 하든 그쪽을 속이려는 의도를 포기하는 것이 중요합니다." ESPO가 경찰과의 협력 업무를 넘겨받기로 한다. 준비된 돈은 집에 두지 않고 은행에 보관한다.

저녁에 카트린, 자산 관리인, 달레키가 모임을 갖는다. 앞으로 취할 행동 방식에 대해 의논한다. 카트린은 돈을 새로 준비하자는 의견에 반대한다. 특히 새로 바뀐 돈 전달자가 나중에 보복 당할 수도 있는 상황을 막아야 한다는 이유에서다. 경찰에게 돈을 전부 복사해놨다고 통보한다. 경찰은 내가 살아 있는 상태로 납치에서 풀려날 가능성을 낮게 보고 있다고 ESPO에게 말한다. 경찰은 내가 죽었을 가능성과 생존할 가능성을 60대 40으로 본다.

▮ 4월 22일 월요일

은행가 바르부르크가 카트린을 위해 함부르크 시장 포세라우와의 만남을 주선한다.

▮ 4월 23일 화요일

포세라우 시장과 만난다. 앞으로 있을 과정을 자세히 설명한다. 포세라우는 경찰 수뇌부에게 앞으로의 행동을 지원하라고 지시한다.

▮ 4월 24일 수요일

밤 11시 10분에 납치범의 전화가 온다. 아른트 목사와 클라우젠 교수는 내가 살아 있는지 확인하기 위해 우

리가 키우는 고양이의 출생 장소를 묻는다. "트리타우"라
는 답변이 나온다. 트리타우는 그때부터 납치범과 돈 전
달자 사이에 통용되는 암호가 된다. 아른트와 클라우젠
은 브레멘/오스나브뤼크/뮌스터 방면 A1 아우토반을 탄
다음에 추가 지시를 기다리라는 지시를 받는다.

휴대폰이 울린다. 뮌스터란트 고속도로 휴게소 추월
선에 있는 선행선 표지판 옆에서 다음 지시 사항을 적은
종이를 가져가라는 통보다. 지시 사항은 다음과 같다.

트리타우

A1 아우토반으로 계속 차를 몰고

카멘 교차로까지 가시오

그곳에서 A2 아우토반 레클링하우젠/오버하우젠 방면으로

차를 몰고 계속 가시오

A2 아우토반을 계속 따라가다가

뒤스부르크/카이저베르크 교차로까지 가서

거기서 A40 아우토반 뒤스부르크/벤로 쪽으로

방향을 바꾸시오

A40 아우토반을 계속 따라가다가

> 뫼르스/카펠렌 아우토반
>
> 인터체인지까지 가시오
>
> 거기서 A57 아우토반 노이스/쾰른 쪽으로 방향을 바꾸고
>
> A57 아우토반을 계속 따라가다 보면 우리가 전화를 하거나
>
> 아니면 가이스밀레 휴게소에 (크레펠트 바로 뒤에 있음)
>
> 가 있으시오
>
> 거기서 새로운 지시 사항을 받을 때까지
>
> 기다리시오

전화가 와서 다음 지시 사항이 있는 곳을 가르쳐준다.
또다시 교통표지판에 붙어 있다. 그 내용은:

> 트리타우
>
> 우리의 지시 사항을 정확히 지킨다면
>
> 아무런 위협도 받지 않을 것이라고
>
> 다시 한 번 약속드립니다
>
> 지금 당장 다시 A57 아우토반을 타고
>
> 다음 아우토반 인터체인지로 가십시오
>
> 인터체인지 이름은 슈트륌프입니다

거기서 A44 아우토반 빌리히/뮌헨글라트바하 방면으로

방향을 바꾸시오

26 메어부쉬/오스터라트로 나가는 첫 번째

출구로 나가시오

출구 아래에서 차를 일단 세웠다가

오른쪽 방향으로 빠져 나오십시오

그리고 약 50~100미터를 간 다음

왼쪽에 있는 아스팔트가 깔린 들길로 나가십시오

그 들길을 계속 가시오

우회전 길과 좌회전 길이 나와도

계속 직진하시오

그렇게 100미터를 간 후 차를 멈추십시오

라이트를 끄십시오

자동차 키는 그냥 꽂아두고

돈은 자동차 안에 그냥 놔두고

차에서 내리시오

걸어서 간선도로까지 되돌아 간 다음

왼쪽 크레펠트/슈타인라트 방면으로

걸어가시오 ·

멈추거나 방향을 바꾸지 말고 쭉 가십시오

택시를 부른 다음에

우리가 연락을 드릴 때까지 기다리시오

이후 우리가 돈을 넘겨받았는지

그리고 당신들이 몰고 온 자동차는

어디에 세워놓았는지 알려 드리겠습니다

그러면 자동차를 찾아서

집으로 가면 됩니다

모든 게 성공적으로 마무리되면

렘츠마 씨는 금요일 밤에

여러분에게 연락을 할 것입니다

아른트와 클라우젠은 납치범의 전화를 받는다. 범인들은 모든 것이 자신들이 계획한대로 진행이 됐다고 한다. 다만 유감스럽게도 자동차가 심하게 파괴된 상태로 으슥한 곳에 처박혀 있다고 전한다. 그들은 이런 실수에 대해 확실한 사과의 말을 전한다.

오전에 미국인 자신 관리사가 아내에게 돈을 넘기는 데 성공했다고 보고한다. 이후 금요일에서 토요일로 넘어가는 밤에, 나는 집으로 전화를 건다.

지금까지 있었던 지하실 바깥의 일은 아주 건조한 문체로 서술할 수밖에 없다. 이 모든 일이 진행되는 동안 내가 있을 자리는 전혀 존재하지 않았기 때문이다. 나는 모든 것과 차단된 채, 현장 바깥에 머무를 수밖에 없었다. 그리고 이제 내가 굳게 잠긴 지하실 문 뒤에 존재했던 이 차단된 세계에 대해 보고하기 시작한다면 과연 이 체험이 세상의 어느 곳에 자리를 잡을지 걱정된다. 이 체험 또한 현장 바깥에 그냥 머물러 있어야 하는 게 아닐까 하는 두려운 마음이 든다. 내가 겪은 체험은 앞에서 서술한 극적 긴장으로 넘치는 사건과 잘 어울리지 않을 뿐 아니라 다른 사람의 비슷한 체험과도 전혀 걸맞지 않다(납치나 유괴 같은 내가 겪은 것과 비슷한 유형의 사건들 말이다). 내가 겪은 체험으로는 근본적으로 아무것도 시작할 수 없다. 그 체험에서는 배울 점이 전혀 없으니까. 내가 중대한 깨달음을 얻은 상태에서 집으로 돌아온 것은 아니니까.

내가 앞으로 서술할 내용은 이러한 '바깥에 어쩔 수 없이 내쳐진' 상태를 말하고자 하는 것이다. 이는 또한 결코 체험이라 부르고 싶지 않은 체험에 관한 것이다. 내가 체험이라고 명명하고 싶지 않은 이유는 체험이란 삶의 연속성과 관련되어 있는 개념이기 때문이다. 내가 서술할 내용은 앞서 묘사한 사건을 바탕으로 하는 것이기는 하지만 아울러 극단적인 단절 체험에 대한 서술도 있고 이와 연관된 느낌도 포함되어 있다.

이를 언어로 표현할 수 있는 한 최대한 표현하려고 노력했다(예상과 달리, 아주 막막한 작업은 아니었다). 독자분들이 가능한 한 강렬한 은유법과 특히 상상력을 발휘해 극적인 설명을 통해 읽는 데 도움이 되었으면 하는 마음과 함께 부디 이해해달라고 부탁드리는 수밖에 없다.

무엇보다 내가 이야기하는 내용을 문학적인 시도로 여기면 안 된다. 나의 이야기는 문학적 수단이 거의 전부 억제되어 있고 특히 무엇보다 픽션의 가능성을 거부하고 있다. 독자 여러분이 앞으로 읽을 내용은 실제로 일어난 일이다. 또는 최소한 내 기억 속에 실제로 존재하는 일이다.

3

드디어 자유의 몸이다

　나는 33일 동안 쇠사슬에 묶인 채 지냈던 지하실 얘기로 시작하고 싶다. 아니면 내가 차를 타고 두 번이나 지하실로 간 상황에 대해 이야기할 수도 있다. 어느 따뜻한 초여름 날 나는 사복 경찰의 차 안에 타고 있었다. 경찰은 나의 진술 내용으로 보아서 지하실을 찾아낼 가능성이 90퍼센트 정도 된다고 말했지만 그 지하실이 맞는지를 확인하기 위해 내가 현장으로 가는 것이 꼭 필요한 상황이었다.

　지난 며칠 동안 경찰이 찾아낸 지하실이 졸타우 부근에는 없었다. 지하실은 브레멘에 위치했기 때문이다. 이 상황을 보면서 나는 납치당했을 때의 기억이 자연스럽게 떠올랐다. 차 트렁크에 갇혔던 때로 기억이 되돌아갔다. 이렇게 다른 사람과 동승해 차를 타고 가는 것은, 당시 기억과는 전혀 어울리지 않는 일이었다.

차는 상당히 오랫동안 달렸다. 트렁크에 갇혀서 처음 지하실로 실려 가던 시간도 이만큼 길었던 것 같다. 나는 경찰에게 물었다. "가서 그 지하실이 맞는지 확인만 하면 됩니까? 33일 동안 있었던, 창문은 널빤지로 막고 쇠사슬을 벽에 고정시킨 좁고 어두운 방이 맞다고 하면 됩니까? 그런 거라면 굳이 거기까지 갈 필요가 있을까요?" 물론 지하실을 발견하기는 했다고 한다. 그런데 그 지하실에는 창문이 하나뿐이고 두 번째 창문은 널빤지를 박아놓아서 그럴싸하게 보이게끔 위장했다고 한다. 지하실의 세부 사항도 내가 경찰에 말한 내용과는 전혀 일치하지 않았다.

아들은 이걸 보고 뭐라고 할까? 아들은 요사이 경찰 업무에 대해 모조리 불신하는 일종의 비판론자가 되었다. "경찰은 절대로 지하실을 못 찾을 거예요. 납치범들이 얼마나 교활한 놈들인데!" 아마도 아들은 그곳이 내가 갇혀 있던 지하실이 아니라 범인들이 가짜 흔적을 남기려고 꾸며놓은 다른 지하실일 뿐이라는 의미에서 말했을 것이다. 납치범들이 두 번째로 마련해놓은 지하실이 존재한다는 믿기 힘든 경우가 사실이라면 과연 나는 진짜 머물렀던 방을 구분할 수 있을까?

매트리스 근처 회칠한 벽에 흔적이 남아 있었다는 기억이 떠올랐다. 나는 잠들기 전에 항상 그 벽을 바라보았고 그 흔적을 제대로 따라 그리려 했었다. 흔적은 일종의 뭉툭한 반달 모양이었고 크기는 두 손가락 끝이 들어갈 만했다. "지하실에는 표식이 있어요. 그게 있으면 바로 그 지하실이 맞습니다."

나는 동행한 경찰에게 말하며 흔적의 장소를 자세히 설명했다. 동시에 훗날 있을 법원 심리와 피고 측 변호사가 할 수 있는 반론에 대해서도 생각했다. 그곳의 회칠한 벽에 무언가 흔적을 남겨 놓았으면 좋았을 것이라는 생각이 들었다. "물론 납치범들이 나중에 지하실 공간을 새로 회칠해버렸다면 그곳이 제가 갇혀 있던 지하실인지 확실하게 알아볼 수는 없겠네요."

우리는 도착했다. 도착하기 직전 나는 눈을 감았다. '납치되어 도착했을 때와 느낌이 이렇게도 비슷하단 말인가? 하지만 이 느낌이 과연 정확할까?' 차가 멈췄다.

우리는 내렸다. 집 쪽으로 발걸음을 내디뎠다. '납치되어 끌려갔을 때와 걷는 느낌이 똑같은가?' 아마도 그런 것 같다. 집은 별장 같았다. 갈대로 엮은 지붕이었다. 큰 정원과 본채는 꽤 떨어져 있었다.

'지하실은 과연 어떻게 생겼을까?' 이유야 어찌됐든 그 집은 아직 완공되지 않은 건축물 같다는 생각이 든다. 집으로 올라가는 계단은 높았다. 그리고 대기실. "이제 오른쪽으로 가면 지하실입니다." '아니다. 그곳에는 주방이 있었다. 지하실은 왼쪽에 있었는데. 경찰이 왼쪽과 오른쪽을 헷갈린 건가?' 내가 앞서갈 때 그는 여러 번 뒤를 돌아보았다. 행여 내가 길을 잘못 간다고 여기는 걸까? 줄에 묶이고 눈은 가려진 채 겁에 질린 상태에 놓여 있긴 했지만 감각은 어느 정도 유지한 사람일 경우, 쉽게 방향 감각을 잃을까? 아마도 쉽게 방향 감각을 잃을 것이다.

지하실로 가는 입구를 지나, 계단으로 내려갔다. 그렇다. 바로 이 계단이다. 나무 계단, 가볍고 오른쪽으로 휜 계단. 나는 이 계단을 잘 안다. 계단을 내딛는 느낌과 그때 나는 소리를 잘 안다. "왼쪽으로 가면 있습니다." 왼쪽으로 가니까 지하실이 나왔다. '나를 놀리는 거야 뭐야.' 라디에이터는 내 생각과 다른 쪽에 있었고 지하실 공간 비율도 틀리고 방도 너무 작았다. 마치 악몽을 꾸는 것 같았다. 당장 나가고 싶었다. "한 번 쭉 둘러보세요. 지하실 전체를 보세요." '왜 그래야 해?'

오른쪽으로 가니 난방 시설이 있었다. 모퉁이를 도니까 왼쪽으로 공간이 하나 더 있었다. 그곳을 둘러본다. 문도 맞고 난방 장치도 맞고 공간 비율도 맞다. 여기 콘센트도 있다. 그런데 뭔가 상당히 작아 보인다. 천장 한가운데 전구가 달려 있다. 천장 높이도 맞다. 창문은 하나다. 창문 달린 벽에 구멍이 나 있고 대충 막아놓은 흔적이 보였다. 벽에 창문 가리개도 있었다.

'쇠사슬을 고정해놓았던 곳은 어디 있나? 회칠을 해놓은 곳도, 거기에 있나?' 그래, 바로 거기다. 나는 손가락을 쭉 펴며 말한다. "내가 설명했던 장소가 바로 여기입니다. 이 지하실이 맞아요." 맞다. 바로 저기에 쇠사슬이 있었다. 나는 그 자리에 누워보았다. 맞다. 여기다. 그 자리에 회칠한 벽이 있고 그 벽에 뭉툭한 반달 모양의 흔적이 있다. 집게손가락과 가운뎃손가락으로 흔적을 건드려본다. 맞다. 죽음의 공포에 휩싸여 33일간 지내던 바로 그 공간이 맞다. 나는 자리에서 일어났다. 주변에 있던 경찰관들의 얼굴에 기쁨과 존경이 뒤섞인 표정이 드러났다.

그 자리에서 즉각 조서 작성 작업에 들어갔고 질문에 답변하는 사이에 나는 지하실을 이리저리 걸어 다녔다. 이렇게 움직이니까, 공간에 대한 느낌이 다시 떠올랐다. 그랬다. 쇠사슬은 아주 길었다. 여기서 왼손으로 쇠사슬을 붙들고 왼쪽 다리로 서서, 사슬 오른편으로 최대한 팔을 뻗으면 난방 장치의 온도 조절기에 손이 닿을 수 있었다. 그래서 손가락 자국이 벽에 남아 있어야 했다.

벽에는 신문이 놓였던 흔적, 지문이 눌린 흔적이 있어야 했다. 그런데 없다. 벽은 새하얗게 칠해져 있었다. 하지만 성의 없이 칠한 것 같았다. 흔적을 지우기 위해 대강 칠한 느낌이다. 그렇다면, 맞다, 그곳 벽에서 몸을 비스듬히 기울여 팔굽혀펴기 비슷한 운동을 했었지. 그리고 무늬 같은 얼룩이 있었는데 그곳이 흰색으로 덧칠해져 있었다. 그렇다, 공간 크기도 맞다. 기억으로도 공간이 이 정도 컸고 화장실이 문 옆에 있었다. 쇠사슬 맞은 편에 있는 벽에 설치된 콘센트에는 손이 닿지 않았던 기억이 났다.

그리고 이 뭉툭한 반달 모양 흔적. 나는 이 흔적을 만졌고 왜 이 흔적이 인상에 남는지 골똘히 생각해보았다. 이 반달무늬 흔적은 동화책《다섯 친구》에 나오는 장면을 떠올렸다. 이 책에서 다섯 친구가 비밀의 문을 발견하는 장면이 나오는데 이때 두 손을 나무판자 문의 움푹 파진 곳에 얹자 갑자기 문이 둘로 갈라졌다. 손가락으로 반달 모양의 흔적을 더듬을 때마다 그 구절이 떠올랐고 회칠한 벽을 손가락으로 쓰다듬으면 소원이 이루어져 마법에서 깨어날 수 있다는 느낌이 들었다.

하지만 쇠사슬이 갑자기 갈라지는 기적은 일어나지 않았고 나는 여전히 쇠사슬에 묶여 있고 소원은 이루어지지 않았다. 지하실에 갇혀 있는 동안 머릿속에 수많은 동화책이 떠올랐다. 특히《하늘 높이 솟은 성의 어릿광대》가 떠올랐다. 이 책에서는 옷걸이 못을 돌리면 '조그마한 비밀의 문'이 열려 마음대로 '들어갔다 나왔다' 하는 장면이 나온다. 어느 날 어릿광대가 지하실에 갇히는데 이때 그 비밀의 문을 발견한다. 바깥으로 가는 문은 아니고 와인 저장 창고로 통하는 문이었다. 그래서 어릿광대는 공작이 애지중지 아끼는 와인을 전부 마셔 버린다.

지하실에 갇힌 동안, 나는 이런 생각을 종종 했다. 즉 내가 살아남으면 지하실 시절을 회고하며 꼭 《하늘 높이 솟은 성의 어릿광대》 이야기를 쓰겠다고. 그리고 감금을 소재로 한 판타지 소설을 쓰겠다고. 또한 회칠한 벽의 반달무늬 흔적도 쓰겠다고.

하지만 어떤 식으로 써야 한단 말인가? 《반달》이라 쓰기에는 정확한 제목이 아닌 것 같은데 크리스마스 때 먹는 바닐라가 들어간 풀빵처럼 너무 뭉툭할 뿐이다. 그것 – 과연 어떤 명칭을 붙여야 할까 – 의 모양은 구두코 밑에 닳지 말라고 못으로 박아놓은 것과 똑같지 않은가. 마룻바닥에 닿으면 쿵쿵하고 불쾌한 소리가 나는 그것과 비슷하게 생기지 않았나?

갇혀 지냈던 지하실을 떠올리면 이러한 기억도 덩달아 떠오른다. 그리고 이러한 생각은 이른바 내면의 눈앞에 존재하고 있었다. 경찰 조서를 제출한 뒤, 나는 지하실을 좀 더 둘러보았다. 이렇게 둘러보노라니 그 시절로 돌아가는 듯한 기분이 들었다. 지금 지하실에 갇혀 있다는 느낌이 든다.

뭉툭한 반달 앞에 가 보았다. 다시 한 번 사방을 둘러본 다음, 발걸음을 옮겼다. 수백 번은 본 듯한 익숙한 곳이다! 구멍이 두 개 뚫린 콘센트가 두 군데 있고 천장에는 전구가 매달려 있고 온도 조절기가 달린 라디에이터가 문 근처에 놓여 있는 이 평범한 지하실이, 어떻게 33일 동안의 끔찍한 감금 생활과 어울릴 만한 장소가 되었을까? 이러한 모순은 갑자기 내 마음을 뒤흔들었고 나는 다시 한 번 몸을 돌렸다.

다시 벽을 자세히 들여다보며 뭉툭한 반달 말고 다른 흔적은 없는지 찾아보았다. 반달은 마치 악마가 쓴 글자처럼 보였다. 그것 말고는, 지하실 공간은 그야말로 평범하고 진부했다. 맞은편에 있는 난방 장치도 그랬고 바로 옆에서 손을 씻을 수 있는 세면 시설도 그랬다. 하지만 동시에 평범한 것은 아무것도 없었다. 나는 결국 밖으로 나왔다. 바깥은 초여름 날씨다. 몸이 묶인 채로 끌려온 날짜가 3월 25일이었다. 당시 우리 집 앞에 있는 작은 연못은 아직 얼어 있던 상태였다.

납치되기 전, 원래 나는 전후 독일 문학 관련 학회에 참석하기 위해 비행기를 타고 미국 세인트루이스로 가려고 했다. 그곳에서 강연을 할 예정이었고 계속 강연 준비에 바빴다. 납치당하기 며칠 전 마지막으로 완성한 글은 함부르크 사회연구소에서 간행하는 정기간행물인 〈중도 36〉이라는 소책자에 들어갈 논문이었다. 이 글의 중심 주제는 '트라우마를 겪는 것'과 관련이 있었다. 이 텍스트의 일부를 인용하자면 다음과 같다.

'기계 고장이나 파손으로 인한 심각한 수준의 충격, 기차 충돌 등 생명의 위험과 관련된 사고를 겪은 후 장기간에 걸쳐 겪게 되는 상태를 설명하자면, 트라우마성 신경증이라는 명칭을 언급해야 할 것이다. 바로 지금 전면적으로 확대된 끔찍한 전쟁으로 인하여 엄청난 수의 사람들이 트라우마성 신경증에 시달리고 있다. 중증 트라우마에 시달리는 환자의 경우, 나중에는 꿈속에서도 트라우마를 겪는 체험을 하게 된다. 즉 꿈에서도 평소 무서워하던 것이 재현된다. 이런 경우, 쾌락 원칙이 꿈을 지배한다는 의학적 소견이 적용되지 못하는 것 같다. 이렇게 트라우마 체험에 강제로 묶인 상태는 우리가 통상 '기억'이라고 부르는 것과는 전혀 다른 것이다. 또한 프로이트가 그랬던 것처럼, 이는 일반적인 정신분석 치료에서는 필연적인 시각이다. '의사들은 과거의 한 부분을 기억해내는 것으로 보는 반면, 정신분석학자는 억눌렀던 현재의 괴로운 체험을 반복적으로 떠올리는 것으로 파악한다.'

바로 이 점에서 모든 신경증의 본질이 트라우마라는 암시를 받을지도 모르지만 극단적인 트라우마를 앓는 신경증 환자를 치료하는 과정의 일부라면, 극단적인 트라우마 환자는 트라우마를 유발하게 된 체험에 정신적으로 사로잡혀 있기 때문에 악몽이라든지 지난 일이 갑자기 생생하게 떠올라 압도되는 증상인 이른바 플래시백에 시달리게 된다. 이렇게 과거의 일이 현재에 다시 떠올라서 공포를 유발시키는 증상은 정신적 역외(域外) 증상 또는 무기력증을 불러온다.

아울러 자기만의 자서전을 지어내어 체험을 재가공하고 이를 적극적으로 말로 표현하려는 성향도 나타난다. 환자와 일상어를 나누다보면 이러한 상태를 알 수 있다. 즉 말문이 막힌 채 깜짝 놀라거나 이해할 수 없는 내용, 상상을 뛰어넘는 내용의 말을 한다거나 하는 증상이다. 하지만 이런 증상은 대개 일상에서는 아주 미미하게 나타난다.

이러한 트라우마 증상은 일상적인 정신 과정을 매개로 하는 것이 아닌, 어떤 의미에서는 정신 구조에서 드물게 나타나는 독특한 사건과 관련된다. 신경생물학 연구조사를 통해 이러한 은유를 의학 용어로 바꿔 표현하는 것이 가능해졌다. 극단적으로 스트레스를 받는 상황에서는 감각을 통한 인상이 뇌 부분에 도달하지 못하는 증상으로 나타날 수 있다. 이를 의미론적으로 해석하면 뇌가 인상을 받아들이게 되는 전제 조건이 통상적으로 기억 창고의 상태에 달려 있다는 것을 뜻한다.

그렇지만 감각을 통한 인상은 저장되고 – 가령 새롭지만 종종 훨씬 경미한 스트레스를 부담할 경우 – 현실에 맞게 수정된다. 이런 감각을 통한 인상을 말로 표현하는 것은 상당히 어렵다. 인상이 언어중추로 연결되는 과정 또한 적지 않게 방해를 받기 때문이다.

이렇게 무시무시한 현재의 기억과 낯선 느낌이 동시

에 나타나는 상황은 고전 문학 장르에서 전형적으로 등장하는 패턴이다. 유령 이야기가 이 패턴에 해당된다. 괴담에는 두 가지 변형이 있다. 하나는 유령이 예전에 당한 죄악에 대해 보상을 받거나 그런 비슷한 일을 겪으면 사라지는 (구원받는) 존재로 묘사된다.

또 하나는 종종 저급한 공포물에 즐겨 묘사되는 패턴으로, 영혼이 문제를 해결하지 못하는 경우다. 이 경우 유령은 통상적으로 폭력적인 존재이며 결국은 파멸된다. 첫 번째 패턴의 이야기에서는 결국 조화가 복구되는 상황이 일어난다. 두 번째 패턴의 이야기에서는 해피엔딩으로 끝나더라도 악마의 그림자는 여전히 존재한다. 두 가지 유형 모두, 어느 정도는 온전했고 또 어느 정도는 조화와 일치를 이루던 세상에 갑자기 균열이 일어났음을 의미한다.'

어떤 기준을 통해, 인간이 무슨 의미인지 인지하기도 전에 자신의 생각을 명백하게 드러낼 수 있다는 사실은 무척 흥미롭다. 나는 집 대문을 향해 가면서 길가 오른편에 있던 철쭉에서 바스락거리는 소리를 들었다. 덤불 속에 있던 동물, 쥐나 새 또는 새나 쥐를 발견한 고양이나 족제비가 내는 소리였을 것이다. 그런데 바스락거리는 소리가 너무 컸다. 그래서 나는 이렇게 생각했다. '고양이가 내는 소리 치고는 큰데.'

이 생각은 고정적이고 확고하게 머릿속에 각인됐다. 마치 내가 실제로 고양이를 덤불에서 발견하고는 "고양이가 내는 소리치고는 큰데!"라고 말하기라도 하는 것처럼. 그리고 이러한 생각은 다음과 같이 변형됐다. '분명 고양이보다 훨씬 큰 동물이야!' 이런 생각은 언제든지 끄집어낼 준비가 되어 있었다.

고양이보다 더 크게 바스락거리는 소리를 낼 동물은 이 철쭉 꽃밭에 있지 않았다. 나는 마치 원시인이 된 기분이 들었고 소리가 어디에서 나는지 알아차리고는 뒤로 펄쩍 뛰어올라 곧장 도망쳤다. 정제된 생각이라는 우회로를 거치지 않은 채 한 행동이었다. 이렇게 아무런 일관성이 없는 문장에 대한 기억만 남아 있다. 그 문장은 내 머릿속에서 아주 침착하게 표현됐다. '분명 고양이보다 훨씬 큰 동물이야!'

나는 이 무서운 느낌을 어떻게 표현해야 할지 모르겠

다. 그때 내가 겪은 납치 상황은 아주 상투적이었고 TV 드라마에서 수백 번은 보았을 패턴과 아주 일치했다. 비현실적이기도 하면서 동시에 엄청난 상황이었다. 바스락거리는 소리가 나던 철쭉 덤불은 대문 오른편에 있는, 높이가 1미터가 넘는 담벼락 앞에 심어져 있었다.

바로 그 덤불에서 복면을 한 남자가 나왔다(뛰어나왔을까? 아니다. 그는 아주 천천히 움직였다). 덤불이 그가 있던 쪽으로, 앞쪽으로 기울어져 있었다. 그는 또렷한 말투로 말했다. "지금 이런 일이 일어났군요." 하지만 막상 '무슨' 일이 일어났는지는 불분명했다. 바로 이 순간에 일어난 모든 것은 과연 무엇을 의미할까? 강도가 열쇠 주인을 위협해 문을 열고 그 다음으로 (있지도 않은) 금고를 열게 하는 것인가? 이런 습격을 한 사람은 누구인가?

지금 내 앞에 서 있는 남자는 키가 크고 어깨도 딱 벌어졌다. 어깨가 얼마나 넓은지 자신의 키만큼 딱 벌어진 것 같았다. 아니, 아마도 키보다 더 벌어진 듯했다. (정확히는 모르겠다) 내 앞에는 남자가 쓴 마스크만 보였으니까. 복면에는 눈구멍이 두 개 뚫려 있었다. 그래서 해리슨 포드가 주연한 영화 〈패트리어트 게임〉에 등장하는 테러리스트가 쓴 복면 같았다.

대문 앞 몇 미터 공간이 마치 하나의 함정인 것 같다는 느낌이 들었다. 입구는 좁았고 좌우로는 허리 높이의 담장이 있었다. 담장 뒤편 왼쪽으로 2미터 아래를 내려가 오른쪽을 보면 철쭉 덤불이 있었다. 내가 여기서 도망가려면 아주 민첩하고 운동신경이 매우 발달하고 더구나 침착해야 했다. 왼쪽 방향으로 재빠르게 뛰어올라 달아나야 했으며 이 과정에서 아무런 신체적 충격도 받지 말아야 했다. 하지만 몸을 돌리면서 잽싸게 달아나는 일은 불가능했다. 남자는 공격하기 시작했다

나는 종종 이런 생각을 했다. 누군가가 나를 공격하면 과연 무얼 할 수 있을까? 아마도 내가 할 수 있는 것은 없겠지. 나는 항상 싸움 면에서는 열등했으니까. 심지어 학창 시절 교정에서 열두 명에게 얻어맞은 적도 있었다. 지금 납치범과의 싸움에서 이기든지 아니면 어쨌든 그곳에서 무사히 빠져나오든 상관없이 나는 가해자가 예상했던 것보다 훨씬 더 끔찍한 고통과 경악을 맛보았다.

나는 스스로를 방어해야 했던 경험이 전혀 없었기 때문에 육체적 공격에 대한 나의 성찰은 상당히 이론적일

수밖에 없었다. 즉 누군가가 공격을 하면 양손을 활용해 공격하기 때문에 얼굴을 보호하지 못한다. 내가 공격자의 눈에 상처를 입히는 데 성공한다면 아마도 도망칠 수 있는 가능성이 높을 것이다. 그래서 나는 공격자에게 달려들어 양쪽 엄지손가락을 괴한이 쓴 복면에 뚫린 두 구멍 안으로 짓누르려고 하다가 갑자기 그만두고 싶다는 충동이 강하게 들었다. 어차피 싸움에서 이길 가능성이 없어 보였다.

어딜 보아도 내가 괴한에게 상처를 입히고 부상을 입힐 만큼의 능력은 없어 보였다. 기껏해야 상대방이 아파하기만 해도 다행이다. 나는 복면 괴한이 소리를 지르리라고 믿는다. 나 또한 소리치리라고 확신한다. 하지만 아마 누구도 아무런 소리를 내지 않고 이 싸움은 조용히 진행되겠지. 내 오른쪽 엄지손가락은 괴한의 오른쪽 눈을 향했다. 손가락이 눈꺼풀 아래 근처에 닿았다. 아마도 엄지손가락으로 눈을 세게 눌러버릴 수 있을 것이다.

순간 남자는 내 머리를 후려쳤다. 나는 고개가 휙 돌아간 채 나동그라졌고 쓰고 있던 안경은 돌 위로 떨어졌다(그리고 떨어지는 소리가 나자마자, 나약한 지식인은 싸움을 포기하겠다는 결정을 확고하게 내린다). 누군가가 (철쭉 덤불에서 또 한 사람이 불쑥 나타났다. 내가 보지는 못했지만 분명히 한 사람이 더 있었다) 내 머리를 붙들고 담장에 짓찧었다.

33일 동안 갇혀 지내면서 내 머리를 담장에 처박았던 납치범과 이야기를 나눌 기회가 가끔 있었다. 그는 영어로만 말했고 납치범들 사이에서 '영국인'이라고 불렸다. 우리가 처음 맞닥뜨렸던 순간에 대해 대화를 나누었는데 그는 아주 편안한 태도로 영어로 말했다. "글쎄요, 지금이니까 하는 말이지만 그때 아주 큰 실수를 하셨어요. 복면을 찢어 그 녀석의 얼굴을 보았잖아요."

나는 납치범의 얼굴이 전혀 기억나지 않는다. 그래서 얼굴이 전혀 기억나지 않는다고 말했다. 냉철한 그는 이제는 얼굴이 기억나든 안 나든 더 이상 중요하지 않다고 대꾸했다. "사람들은 큰 충격을 받으면 매사를 정확하게 기억하지 못합니다. 더구나 그 녀석은 지금 멀리 떠나 있어요." 나를 공격한 사람이 단순히 납치만 하도록 고용된 사람인지, 아니면 얼굴이 알려져서 떠난 것인지는 얘기해주지 않았다.

저녁 8시 30분쯤 됐다. 저녁은 짧고 고요하게 지나간 것 같다. 원래는 다음 날 강연을 마칠 예정이었다. 그러고는 7시 30분에 책상에 앉을 예정이었다. 나는 일찍 잠자리에 들 생각이었고 잠이 잘 들도록 와인을 마셨다. 그리고는 책을 한 권 가져오려 했다. 나중에 몸싸움에 과감히 덤벼든 것은 술기운 덕분이 아니었을까? 영국인은 그랬던 것 같다고 했다.

나중에 생각하니 그것이 얼마나 위험한 일이며 동시에 어리석고 허무맹랑한 일인가를 깨닫게 되었다. 내가 싸움을 포기했다면 이렇게 코가 부러지고 이빨이 몇 개 나가는 일은 생기지 않았을 것이다. 하지만 나는 그들과 맞서 싸운 것을 후회하지 않는다. 나는 곧바로 항복하지 않았다. 나는 복면 괴한에게 상처를 입히려 했다. 하지만 그러한 시도는 유감스럽게도 성공하지 못했다.

그밖에도 나는 범인들이 세운 계획, (그들은 내가 복면을 보자마자 모든 시도를 포기할 것으로 예상했다) 즉 납치 건을 깔끔하게 사무적으로 처리하겠다는 계획을 망쳐놓았다. 대문 앞에 뿌려진 핏자국은 그 생생한 광경만으로도 훗날 납치범들이 누누이 강조하던 표현, 즉 "이건 단지 비즈니스일 뿐입니다"라는 말에 강력한 이의를 제기한 셈이다. 그리고 납치범들은 - 적어도 영국인은 - 상황이 이렇게 된 책임을 전부 뒤집어쓰게 된다.

어찌 됐든 납치범들은 납치 대상의 코를 부러뜨리는 불상사를 일으켜서는 안 되었으니까. 범죄란 비열하고 근본적으로 변태적이다. 범죄는 대단히 잔인한 행위이며 이런 일탈 행위는 '저급한 것'으로 분류된다. 그래서 범죄가 처벌받지 않으면, 대신 다른 사람에게 책임을 전가하여 고생을 면치 못하게 한다. 그래서 결국 내가 33일 동안 쇠사슬에 묶여 지하실에 갇혀 있게 되었다고? 맞다. 경찰은 나서지 말았어야 했고 돈 배달부는 자기 임무를 해냈어야 했다. 하지만 일은 그렇게 되지 않았고 덕분에 내가 두들겨 맞고 지하실에서 33일이나 지냈어야 했다. 나는 싸우지 말았어야 했다!

머리가 벽에 세게 부딪친 순간, 나는 번쩍 하는 아주 밝은 섬광을 보았다. 마치 만화에서 보던 것처럼 폭발이 있었다. 별 모양의, 톱니 모양의, 알록달록한 밝은 폭발이었다. 절대로 눈부시지는 않았다. 전혀 아프지 않았다. 아프지 않은 것이 의아하지는 않았다. 그때 내 머릿속에는 문장 하나가 떠올랐다. 바로 장 아메리의 책에 나오는

문장이다. '타격은 마치 마취 주사를 맞은 듯, 감각이 마비되는 효과를 발휘했다.'

오히려 내가 담장에 더 세게 부딪치지 않은 게 의아했다. 자칫하면 두개골이 박살날 수도 있었는데 말이다. 머리를 부딪친 후에 몸의 힘이 빠지고 방어 의지가 사라져 버렸다. 분명 납치범들은 나를 죽일 생각은 없었으며 나를 살아 있는 교환물로 여긴 것이다. 하지만 나는 그때까지 범인의 의도를 모르고 있었다. '왜 머리를 더 세게 부딪치지 않았을까.' 그 순간 나는 그런 생각이 들었고 다소 혼란스러운 감정에 휩싸였다.

누군가가 나를 번쩍 들어 올렸고 이어 말소리가 들렸다. "저항하지 마. 아무도 없어!" 또 중얼거리는 소리가 들렸다. "이제 됐어. 그만해. 또 무슨 짓을 하려는 거요?" 그들은 접착테이프를 내 얼굴에 둘둘 감아 두 눈의 시야를 차단했다(하지만 꼼꼼히 붙이지 않아서 아래쪽은 보였다).

입에도 접착테이프가 감겨졌다. 숨을 쉴 수가 없었다. 담장에 부딪친 코는 금세 부어올라서 숨 쉬기가 힘들었다. 이 모든 것에 나는 정신이 몽롱해졌고 시간이 지나서야 정신을 차릴 수 있었다. 붓기는 며칠이 지나서 가라앉았고 그 외의 다른 신체적 문제는 없었다. 그보다는 정신적 문제가 나타났다. 하마터면 맞아 죽을 수도 있었다는 생각이 들자, 일종의 정신적 충격을 겪게 되었다. 그러면서 나는 격렬한 공포와 두려움에 질려 제대로 숨을 쉴 수 없었다. 나는 고분고분하게 "공기! 공기!"라고 외쳤다. 그들 중 하나가 입으로 숨을 쉬게 해주었다. 장갑을 낀 손가락으로 아랫입술 쪽의 접착테이프를 걷어 올려주었다. 덕분에 나는 숨을 쉴 수 있었다. 그들은 내 두 손을 뒤로 돌려 수갑을 채웠다.

내가 석방되고 일주일 후에 – 함부르크에서 멀리 떨어진 곳에서 – 나는 이 장면을 글로 생생하게 쓰려고 시도했다. 그 작업을 어느 정도는 해냈고 그 결과물을 지금 독자 여러분이 읽고 있다. 그렇게 나는 글을 계속 써내려 갔다.

'이 모든 일들이 아득히 멀리 떨어진 것 같다. 마치 휴가 때 찍은 사진을 들여다보며 휴가의 추억을 떠올리듯이. '잊을 수 없는'이라는 상투어가 떠오르는 순간이다. 문장들이 재구성이라는 보조수단일 뿐이라고 가볍게 여기고 싶지는 않다. 이번에는 무의식적으로 떠오르는 문

지하실에서

장이 아니라 의식적으로 말한 문장이다. '바로 이거야'
그리고 '이게 바로 현실이야'라는 문장이다. 나는 절박한
심정으로 소리 내지 않고 입만 벙긋하며 단어를 읊었다.
당연히 나는 현실을 믿을 수 없었고 믿고 싶지도 않았다.
'이런 일'은 있을 수 없었다. 이런 일은 정체성 확인이 가
능한 특질과 만날 수 있는 그 어떤 일이 아니라, 내가 아
는 단 하나의 사건이다. 절대로, 어디에도 일어나서는 안
되는 일이었다. 그럼에도 이런 일이 일어났다. 아무리 납
득이 가지 않아도 나는 담장에 머리를 부딪치고 정원에
서 질질 끌려 나와서 자동차에 처박히는 꼴을 당하고 말
았다. 이것이 바로 현실이었다. 현실은 그저 현실일 뿐이
다. 다름 아닌 나 자신에게 일어난 현실이었다.'

　범행 장소로 다시 돌아가서 – 대문, 철쭉 덤불, 돌에
뿌려진 피 – 그때 느낌을 알기 쉽게 설명하자. 개 한 마
리가 덤불 속에서 내는 소음을 떠올리려고 했지만 바로
그 순간이 잘 기억나지 않았다. 앞에서도 말했듯이 납치
범들은 내 눈을 꼼꼼하게 감지 않았다. 덕분에 나는 아래
쪽을 볼 수 있었고 산 아래로 내려가는 길을 거의 제대

로 볼 수 있었다.

나는 앞장서서 가는 남자를 보았다. 그는 무언가를 들고 있었는데 이른바 경기관총이라는 것이었다. 전문가들 사이에서 '칼라슈니코프 자동 소총'이라고 불린다는 것을 나중에 알았다. 칼라슈니코프는 – 그럴 리 없지만 – 마치 가짜처럼 비현실적으로 보였다. 이 자동 소총의 그림자 윤곽은 아주 유명해서 마치 영화촬영용 소품처럼 보였다.

밤 9시가 채 되지 않은 시각에 그들은 자동 소총을 나에게 겨누고 나를 꽁꽁 묶은 후, 정원을 가로질러 잠기지 않은 문 밖으로 나와 공원까지 걸어갔다. 이 시간대에 공원에는 개를 데리고 산책하는 사람들과 얼마든지 마주칠 수 있었다. 하지만 비현실적이게도 납치범들과 나는 공원에서 아무도 맞닥뜨리지 않았다. 어느 누구도 우리 세 사람을 목격하지 못했다. 납치범들은 5~8분 정도의 길을 신속하게, 하지만 서두르지 않게 걸었다. 자동 소총을 든 남자가 앞장섰고 다른 남자는 나를 끌고 갔다. 그는 등 뒤로 수갑을 찬 내 두 손을 붙잡고 있었다. 그들은 나를 앞으로 밀치지는 않았다. 나는 허둥거리며 발걸음을 옮겼다. 발을 헛디뎌 비틀거렸지만 예상과는 달리 "빨리, 빨리 가!"라고 소리치거나 초조하게 수갑을 당기거나 하지 않았다.

특히 수갑을 잡아당기지 않은 게 고마웠다. 수갑은 관절을 압박했고 특히 오른손이 그랬다. 오른손이 왜 아팠는지는 모르겠다. 아마 수갑을 잘못 채워서 오른쪽 손목 관절을 누르는 것 같았다. 오른손은 수갑에 쓸려 한쪽에서는 피가 났고 다른 쪽은 신경이 눌려서 오른쪽 엄지손가락과 손바닥의 볼록한 부분은 몇 달 후에도 마비된 상태였다. 나는 차에 태워지고 이어 납치범들의 은신처로 갔다. 이후 33일 동안 머물러야 할 곳이다. 수갑을 느슨하게 해달라고 여러 번 간청했지만 그들은 내 상태를 유심히 관찰하지도 않았다.

은신처로 가면서 나는 내가 어떤 유형의 납치에 해당하는지 곰곰이 생각했다. 몸값을 요구하는 납치인가, 아니면 정치적인 의도로 납치한 것인가? 아니면 두 가지 동기가 혼합된 납치인가? 나는 정치적 목적의 암살일 가능성이 있다고 생각했다. 10년 전에 연구소를 설립해서 나치 시대 독일군이 저지른 범죄를 날카롭게 비판했고 이는 신문에 대서특필 되었다. 그리고 이로 인해 정치적인 논쟁도 있었다.

한 극우 언론매체는 우리가 고국을 험담한다는 비난을 해왔다. 그들은 나와 동료들에게 편지를 보내 왔는데 우리 연구소가 독일군의 명예를 더럽히고 있다는 내용이었다. 하지만 그들이 나를 이런 방식으로 습격하고 납치하는 짓은 할 리가 없었다. 차라리 집 앞에서 총을 쏘아 암살하는 방식이 훨씬 맞을 듯했다. 또한 어떤 종교적인 이유로 내게 사형 선고를 내린 경우라면 훨씬 야만적이고 잔인하게 나를 다루었을 것이다.

납치범들은 가만히 서 있었다. 그들은 거리 위쪽에 서 있었다. 이곳은 엘베 강에서 산 위로 이어지는 지점이었다. 자동차 소리가 들렸다. 지나가는 자동차라고 생각했다. 하지만 차는 멈추었다. 자동차는 계곡 앞 몇 미터 떨어진 곳에 섰고 납치범들은 거리로 나섰다. 나는 트렁크 문으로 끌려 들어가 눕혀졌다. 그런 다음, 차가 출발했다.

차 안이 약간 보였다. 내 기억으로 차는 스테이션왜건으로 소형 배달차와 비슷했고 옅은 회색인 것 같았다. 자동차 번호판은 노란색 바탕에 검은색 번호였다. 번호 앞의 두 글자는 FV 아니면 VF였다.

납치범이 무언가를 내 머리 아래 부분에 씌웠다. 담요를 둘둘 말은 것 같기도 하고 천막인 것 같기도 했다. 자동차에 탄 사람은 세 사람이었고 그중 한 명은 나였다. 그들 중 한 사람이 담배를 피웠다. 납치가 성공적으로 끝나서 안도하는 것 같았다. 몇 분이 지난 후, 나는 지금까지 온 길을 기억할 수 있겠다는 생각이 들었다.

나는 납치 경로를 다시 한 번 재구성해보려고 했지만 생각은 머릿속에서 빙글빙글 돌기만 했다. 이렇게 말할 도리밖에 없었다. 이게 현실이라고, 이런 일이 정말로 일어났다고. 아내가 이 밤중에 나를 찾아 돌아다닐 생각에 미치자 나는 절망감에 휩싸였다. 아내는 언제부터 내가 없어졌다는 생각이 들었을까? 그리고 그것이 언제 확신으로 변했을까? 아내는 아들에게 뭐라고 말했을까?

그런데 이런 생각은 오른손의 찢어지는 듯한 통증으로 인해 자꾸 흐트러졌다. 통증은 구겨진 자세로 누워 있기 때문에 더 심해진 것 같았다. 참다못해 나는 자세를 바꿔 몸을 뒤집으려고 시도했고 결국 성공했다. 그렇게 나는 차를 타고 가는 동안 두세 번 자세를 바꿨는데 그 때마다 통증 부위도 바뀌었다. 그러나 오른손의 통증은 어떻게 해도 가라앉지 않았다.

이런 혼돈 상태에서 지금 시간이 어떻게 되는지를 가늠하는 것은 쉽지 않다. 그들은 나를 습격하면서 시계를 빼앗아갔다. 시간 감각을 잃은 상태였지만 차가 도착했을 때는 운전 시간을 대략 감은 잡고 있었다. 나중에 알고 보니, 나의 시간 감각은 실제 시간과 동떨어져 있었음을 알게 됐다.

차를 타고 간 시간이 30분은 넘고 1시간은 안 된 것 같았다. 하지만 나중에 이는 사실과 다른 것으로 판명됐다. 시간 감각은 거의 유지되지 못했던 것인가? 알 도리가 없다. 불빛도 정확하게는 구별하지 못했다. 자동차 안에는 불빛이 보였다. 어슴푸레 무슨 색인지도 짐작할 수있었다. 불빛이 보이는 것으로 보아, 자동차 뒷좌석에는 유리창이 아예 없거나 무언가로 가려놓은 것 같았다.

자동차는 대부분의 시간을 아우토반에서 달렸다. 내가 지금 제정신인가 의심이 든 적도 있었다. 차가 달리는게 아니라 움직이는 철도 차량에 올라타고 있는 것 같았다. 기차 레일에서 나는 듯한 소음이 규칙적으로 들렸기 때문이다. 기차를 타고 간다는 생각이 들었다. 하지만 그럴 리가 없다고 생각을 고칠 수밖에 없었다.

정말로 자동차가 기차에 실렸다면 내가 그를 인지했을 것이다. 며칠 뒤, 특정 아우토반은 도로가 너무 오래되어서 그런 소음이 난 것이라는 생각이 퍼뜩 들었다. 이 기억으로 미루어보아 그런 소음이 날 만한 아우토반은 아무래도 함부르크-브레멘 구간일 거라는 판단이 섰다. 그러면 엘베 터널을 지났을 텐데 왜 전혀 소음 변화를 느끼지 못했을까(차는 실제로 엘베 터널을 지났다).

아우토반을 벗어났다. 국도를 약간 달리다가 어떤 길로 들어선 것 같다는 느낌이 들었다. 불빛이 꺼졌다. 차가 멈췄다. 문이 열렸고 나는 차에서 끌어내려졌다. 집에 들어선 뒤, 계단을 올라갔다. 집안에 들어섰고 불이 켜졌고 문을 지나 계단으로 내려갔다. 나무 계단이었다. 나는 두 눈을 꼭 감았다. 내가 두 발을 계단에 정확히 내딛거나 방향이 바뀌는 것을 미리 예측하는 모습을 보이면 내가 약간이라도 앞을 볼 수 있다는 사실을 눈치챌까봐 두려웠기 때문이다.

계단은 어중간한 형태의 나선형이었다. 나는 계단이 어떻게 이어지는지도, 계단을 다 내려오면 어느 방향으로 가야 하는지도 전혀 모르는 것처럼 행동했다. 문을 지났다. 지하실로 들어섰다. 눈을 다시 뜨니 바닥에 매트리스가 놓여 있고 벽에는 쇠사슬이 부착되어 있는 것이 보였다. 그들은 내 손목에 찬 수갑을 풀고 떼어냈다. 그러고는 재킷, 스웨터, 셔츠, 바지를 벗겼다.

그들 중 한 명은 여전히 복면을 쓰고 있었다. 복면 밖으로 튀어나온 머리카락은 밝은 색이었다. 속옷까지 다 벗어야 했다. 그들은 나에게 굴욕감을 줄 의도는 아니었다. 나는 그런 느낌을 강하게 받고는 마음이 놓였다. 구두도 벗었다. 양말은 벗기지 않았다. 그들은 시계, 안경, 안경 케이스를 가져갔다. 나에게 스웨터와 바지를 걸치도록 했다. 나중에 자세히 보니, 빨간색 무늬가 있는 트레이닝복이었다.

범인들은 나를 의자에 앉힌 다음, 쇠사슬을 오른쪽 발목에 휘감았다. 그러고는 작은 자물쇠를 채웠다. 그중 한 명이 내 입에 붙어 있던 접착테이프를 떼어냈다. 이로써 내 몸에 걸쳐 있던 것은 전부 떨어져나갔다. 확실하게 기억은 나지 않지만 그들이 이런 말을 했던 것 같다. "너, 저항하지 마! 저항하면 마피아." 이 말의 뜻은 내가 마피아 손아귀에 있으니 (그런데 어떤 마피아인가?) 어떤 형태의 저항도 무의미하다는 말일 것이다. 이런 간결한 몇 마디로 그들이 진짜 마피아인지 확인하기는 힘들었다. 기껏해야 말투로 봐서 대략 '동유럽' 쪽 국가 출신이라고 추측할 수 있을 뿐이었다. 하지만 나중에 신문에 날 때 제목이 '러시아 마피아가 저지른 납치'라고 날지도 모른다.

문이 닫혔다. 나는 머리에서 접착테이프를 벗겨내고 몸 상태부터 살폈다. 왼손은 피범벅이었고(처음에는 수갑 때문이라고 생각했는데 사실은 얼굴에서 흘러내린 피였다), 오른발에는 쇠사슬에 묶여 있었다. 주위를 둘러보았다. 하얀색으로 회칠한 공간이었다. 약 3×4미터쯤 되어 보였고 천장은 낮았다. 천장 높이는 2미터를 간신히 넘는 것 같았다. 전형적인 지하실이었다.

창문은 두 개인데 모두 널빤지로 막아놓았다. 탁자와 의자가 있었는데 모두 플라스틱 제품이고 색깔은 진한 회청색이었다. 침대 시트와 침구류(옅은 하늘색)가 놓인

스펀지 매트리스가 있고 캠핑용 간이화장실, 휴지통, 물이 들어 있는 물통이 있고 문 옆에는 난방기가 있다. 문의 바닥은 30센티미터 정도 잘려 있고 그 밑으로 바람이 들어오는 소리가 들렸다. 천장에는 알전구가 매달려 있었다. 탁자에는 물병(에비앙)과 캠핑용 램프 두 개가 있었다.

램프 중 한 개만 켜져 있었다. 그 외에 종이접시, 플라스틱 식기, 세척 도구, 칫솔, 치약, 비누, 화장지가 있었다. 종이, 볼펜, 타자를 친 종이 한 장, 그 외에 화장실 사용설명서가 있었다. 내가 쓰고 있던 안경은 머리를 벽에 부딪칠 때 깨졌고 들고 다니던 안경은 납치범들이 가져갔다. 그래서 타이프로 찍힌 지시서는 겨우 읽었고 화장실 사용법은 전혀 읽을 수 없었다. 지시문은 알파벳 대문자로 쓰여 있었다. 아마도 전동타자기로 작성한 것 같았다. 지시문 내용은 거의 그대로 기억하고 있다. 오타도 한 개 발견했다.

우리는 당신을 납치했고
석방을 위한 몸값으로

2000만 마르크를 요구합니다

당신이 우리에게 잘 협력할수록

그만큼 빨리 자유의 몸이 될 것입니다

도망치려는 시도는 하지 마시오

그런 짓은 무의미할뿐더러

탈출 시도를 할수록 감금 여건은

더욱 안좋아질 것입니다

다음과 같은 사람들의 이름과 전화번호를 쓰십시오

우리에게는 무척 중요한 정보입니다

친척

건물 관리인

자산 관리인

아침과 저녁에 식사가 나옵니다

전달 사항이나 원하는 것은

서면으로 알려주시오

자살 방지를 위해 불은 꺼둘 것이오

우리가 문을 두드리면 매트리스에 엎드려서

누워 있으시오!!!

화장실은 대소변을 볼 때만

이용하시오!!!

대략 이런 내용이었다. 느낌표 외에 문장 부호는 없었
다. 안경이 없으니 어림잡아 읽고 어중간하게 뜻을 파악
할 수밖에 없었다. 우선 맨 먼저 몸을 씻었다. 물은 미지
근했는데 이내 분홍색으로 물들었다. 이렇게 피가 많이
났을 줄은 미처 몰랐다.

나는 엄청난 불안에 싸였지만 동시에 안도감도 들었
다. 내 목숨은 위협받고 있지만 문제를 해결하고 살아남
을 가능성은 있었다. 납치범들은 어쨌든 우선 나를 살려
놓은 상황에서 필요한 정보를 나에게서 얻어내야 한다.
또한 몸값을 받아내려면 가족이나 친지에게 살아 있다
는 사실을 입증하는 편지를 내가 계속 써야 하니까 그들
은 나를 계속 필요로 할 것이다.

납치범들은 자기들이 범행 내용이나 목적을 아주 잘
파악하고 있는 것 같았기 때문에 탈출은 확실히 불가능
했다. 다른 한편으로 이 지하실에서는 신선한 공기가 잘

지하실에서

공급되고 물도 충분했다. 위생 문제를 걱정할 필요는 없었다. 몸값 총액을 보면 납치범들이 계획적으로 행동한다는 점을 잘 알 수 있었다. 외트너 납치 사건을 읽어보니 2,000만 마르크가 넘는 금액을 1,000마르크짜리 고액지폐로 받으면 운송에 문제가 발생한다는 것을 알게 됐다.

그런데 내가 납치된 사실은 언제 알려질까? 이 납치 사건에서 내가 살아남을 확률은 얼마나 될까? 범죄자의 전문성이라는 게, 즉 살인으로부터 거리를 둔다는 뜻은 아니다. 나는 지금 2,000만 마르크의 가치를 지니지만 모든 것이 그들의 계획대로 끝나자마자 더 이상 가치가 없는 위험한 증인이자 목격자로 여겨질지도 모른다.

어쨌든 지금 이 상황은 얼마나 오래 지속될 것인가? 언젠가 풀려나게 되면 그때 나의 영혼과 정신 상태는 과연 어떨 것인가? 감정이 돌풍처럼 마구 요동치고 있었다. 이러한 감정 상태를 계속 안고 살아가야 한다니 믿기지 않았다. 하지만 나는 나에게 이렇게 말할 수밖에 없다. "이것은 현실이다." "이것은 TV 몰래카메라의 장난이 아니다." 즉 갑자기 문이 열리고 "딱 걸리셨습니다!"라고 소리치는 상황은 결코 일어나지 않는다.

다른 한편으로 현실은 내게 또 다른 세계를 마련해놓은 것인지도 모른다. 즉 나는 이미 죽은 상태일 수도 있다. 나는 사디스트들의 손아귀에 걸려든 것일 수도 있다. 내게서 거금을 뜯어내는 일은 어쩌면 부차적인 관심 사항이고 그보다 나를 괴롭히고 학대하는 데 더 큰 즐거움을 느끼는지도 몰랐다. 그들은 '무슨' 짓이든 가능해 보였다. 그들은 손과 발을 모두 묶을 수도 있다. 나를 깜깜한 곳에 처박아둘 수도 있다.

그러나 다행히도 불은 들어왔다. 팬티를 벗기지도 않았다. 지시 명령을 내리는 납치범의 목소리는 위협적이었지만 객관적으로는 감금 여건이 악화될 수 있다는 위험 때문에 내가 스스로 위협을 심각하게 받아들이고 탈출을 시도하지 않으면 현재의 감금 수준을 유지할 수 있다는 희망을 가졌다. 나는 자리에 앉아 아내와 직장 동료들의 이름과 전화번호를 적었다. 그리고 다른 종이에는 안경이 필요하다고 적었다. 안경이 없어서 지시 내용이나 화장실 사용설명서를 전혀 못 읽는다고 적었다. 앞으로 있을 지시 내용도 읽을 수 없을 거라고 했다(더 이상

지하실에서

무슨 요구를 하려는지 감이 잡히지 않았다).

지금 시각은 밤 11시쯤 된 것 같다. 언젠가는 잠이 들겠지. 내일이 되면, 또 다른 아침이 오겠지. 아침은 항상 오니까. 예상과는 달리 제대로 누울 수가 없었다. 쇠사슬이 너무 짧았다. 베개를 매트리스 발치에 놓는다.

나는 아내를 생각했다. 아내는 언제 상황이 잘못됐음을 알았을까? 내가 집에 돌아오지 않는다는 것을 언제 깨달았을까? 아내에게 곧 집으로 돌아오겠다고 말했다. 나는 생각을 집중해보려고 발버둥을 쳤다. '계속 생각하자! 계속 생각해보자고!' 아내는 대문 앞에서 무엇을 발견할까? 안경? 납치범들이 안경을 가지고 갔을까? 만약 그렇다면 그들의 전문성이 탁월하다는 증거이리라. 나는 제발 그랬기를 바랐다.

아내가 대문 앞에서 안경을 발견했다면 내게 무슨 일이 생겼으리라고 짐작했으리라. 아내는 아들에게 뭐라고 할까? 나는 울음을 참으려고 했다. 절대 울지 않으리라. 하지만 나도 모르게 눈물이 날까봐 걱정이 들었다. 그렇게 되면 지금 겨우 되찾은 평정심을 더 이상 유지할 수 없게 된다.

갑자기 내가 지금 어디에 있는지도 모른다는 생각이 떠올랐다. 동서남북의 방향도 모르겠다. 내가 독일 어느 지역에 감금되어 있는지 사람들은 짐작이라도 할까? 그들은 내가 어디에 있는지 감이 서지 않을 것이다. 나는 그냥 사라졌다. 증발했다고. 아들이 어렸을 때 넘어지는 상황을 "아래로 떨어졌다"라고 말하곤 했는데 아비인 내가 지금 아래로 떨어졌다. 이 느낌은 이후 33일 동안 마음속을 차지했던 죽음에 대한 지속적인 불안보다 훨씬 더 나빴다.

세상에서 벗어나 아래로 떨어진 느낌 말이다. 그동안 나는 다른 사람이 겪은 일에 대해서 "세상에서 벗어나 떨어졌다"라는 은유적 표현을 여러 번 썼다. 지금 나는 그 은유적 표현이 정확하게 내포하고 있는 느낌을 생생하게 체험하고 있다. 그리고 그 느낌은 지금부터 나를 24시간 철두철미하게 장악할 것이다.

나는 이 은유적 표현을 프로이트가 '문화에서 불쾌한 것'에 관한 논문에서 처음 발견했다. 프로이트는 이 논문에서 세상과 철저히 차단된 느낌에 대해 논했다. 이 느낌은 많은 사람들이 잘 알고 있으며 극도의 행복감, 즉 '대양에 떠 있는 느낌'이라고 설명한다. 프로이트는 다음과 같이 썼다. '내 경우, 이 '대양에 떠 있는 느낌'을 내면에서 발견하지 못한다. 그래서 기껏해야 상상으로 느낌을 연상해 지속시킬 뿐이다. 만약 내가 친구에게 제대로 이해시킨다면 (여기서 프로이트는 자신이 받은 편지와 관련해 말한다) 친구는 독창적이면서도 상당히 독특한 작가가 자기 작품의 주인공이 자발적으로 선택한 죽음 앞에서 위로를 들려주는 것과 똑같은 내용을 말할 것이다. '우리는 이 세상에서 벗어나서 떨어질 수는 없어.' 그래서 아무나 쉽게 해체할 수 없는 연대의 느낌이 든다. 바로 다함께 바깥 세상에 소속되었다는 느낌말이다.'

여기에 등장하는 인용문은 크리스티안 그라베의 희곡 〈한니발〉에서 가져온 것이고 정확한 내용은 이렇다. '그래, 우리는 세상에서 벗어나 떨어지지 않을 거야. 우리는 언젠가 다시 세상 속으로 들어갈 거야.' 하지만 나는 이 인용문이 원래는 작가 개인이 창작한 것이 아니라 오래전부터 떠돌던 격언이라고 믿는다. 왜냐하면 이 표현은 여러 사람이 공통적으로 피력하는 느낌이기 때문이다.

또는 이 경우에는 다음과 같이 말하는 것이 더 낫겠다. 즉 한 사람이 발현한 소원이란 사실은 어디에나 널리 퍼져 있는 보편적인 느낌이지만 은유법을 통해 마치 한 사람이 개인적으로 표현한 것처럼 보일 뿐이다. 이러한 사례는 내 아들이 자주 큰소리로 읽었던 어린이 책에서도 발견할 수 있다. 바로 스웨덴 동화 작가 바브로 린드그렌 엔스코그의 작품《야생아와 그가 키우는 개》이다.

이 책의 독일어 본은 제임스 크뤼스가 번역했는데 나는 지하실에서 이 책이 떠올랐다. 천으로 만든 개에 올라탄 야생아는 다른 동물 인형들과 함께 우주 공간을 날아다닌다. '생쥐는 날아오르려 했지만 / 아래로 떨어진다. / 아, 슬프다. 동물 인형 편대에서 떨어져 나가네. / 큰소리로 물어본다. '생쥐가 밑바닥이 없는 곳으로 떨어진다면 / 어찌해야 좋을까?' / 이때 야생아가 말한다. / 이 생쥐는 사랑스럽고 동글동글해. / 항상 무언가에 올라갔다가 아래로 떨어지곤 하지. / 그러니 개에서 벗어나 떨어지면 어때? / 진정하고 기다려보자고 / 떨어지는 게 끝날 때까지 말이야. / 누구든 어디론가 떨어지니까. / 그리고 누구도 세상 밖으로 떨어지는 일은 없다고!' 이 세상이

주는 위로란 사실은 속이 텅 빈 형태이고 그 속에는 불안이 자리 잡고 있다. 나는 갑자기 세상 밖으로 굴러 떨어졌다. 좀 더 정확히 말하면 심하게 두들겨 맞은 채 떨어졌다.

나는 잠이 들었다. 나중에는 온밤을 지새우는 경우가 가끔 있기도 했지만 지하실로 끌려와 처음 맞이하는 밤에는 곧장 잠이 들었다. 지칠 대로 지쳐서 내가 놓인 상황에 대한 의식으로부터 달아나기를 소망했다. '불안과 피로가 섞이면 대단히 강력한 수면제 역할을 한다.' 훗날 나는 미국 소설가 루이스 베글리가 쓴 글을 읽은 적이 있다. 맞는 말이다.

첫날 꿈을 꾸었는지는 잘 기억나지 않는다. 나중에는 지하실에서 꿈을 몇 번 꾸었다. 꿈 내용은 모두 아름다운 자연이었다. 내가 겪은 사건이 꿈에 나타나는 일은 없었다. 어떤 꿈에서는 내가 겪은 사건이 나타났지만 나는 도망쳐서 자유의 몸이 되었다. 그 꿈에서는 어떠한 종류의 승리감도 없었고 대신 소망이 이루어졌다는 평온한 느낌만이 온통 차지했다.

나의 무의식은 꿈에게 호의적인 태도를 보였고 몸도

거의 마찬가지였다. 비록 문 아래쪽이 여기저기 금이 가서 매트리스에 몸을 누이면 환풍기 바람이 얼굴에 닿긴 하지만 감기에 걸리지는 않았다. 그래서 나는 세면봉으로 막아놓았고 그 때문에 차가운 바람은 막을 수 있었다. 불안감은 위장 쪽을 어느 정도 압박했다.

밤새 잠을 이루지 못하는 일이 종종 생겨났다. 그때는 지하실이 어떠한 어두움보다 더 어두웠다. 그 어두움은 내가 지금까지 알고 있던 어두움을 훨씬 뛰어넘었다. 완전한 어두움이었다. 낮이든 밤이든 상관없이 내가 인공 조명을 끄면 어디서도 작은 빛줄기조차 들어오지 않았다. 이런 상황에 대해서는 미처 마음의 준비가 되어 있지 못했다. 어두움이 너무 깊어 숨도 쉬지 못할 지경이었다.

어두움이 마치 사람의 몸처럼 느껴졌다. 두껍다는 말 밖에 다른 표현이 떠오르지 않는다. 나는 숨쉬기조차 힘들었고 마치 물속에 빠진 듯한 느낌이 들었다. 여기서 빠져나가고 싶었다. 다행히 캠핑용 램프 하나가 손이 닿는 곳에 놓여 있었다. 불을 켜니 공포감이 줄어들었다. 나는 다시 잠들었다가 다시 깨었다가 또다시 잠들었다.

다음 날 아침 문 두드리는 소리가 났고 나는 다시 불

안에 빠져들며 몸이 마구 떨렸다. 하지만 이제 불안감은 일상적인 의식이 되었다는 사실을 깨닫기 시작했다. 나는 납치범들의 지시대로 머리를 매트리스 쪽으로 떨어뜨린 채 누워 있었고 두 손은 머리 왼편과 오른편에 얹었다. ('사격 자세'라는 생각이 퍼뜩 들었다) 문이 열리고 발걸음 소리가 들렸다. 탁자에 무언가를 놓는 소리가 나더니 다시 발걸음 소리가 났다.

누군가가 세면통을 가지고 나갔고 문이 다시 닫혔다. 이로부터 얼마 지나지 않아 다시 문 두드리는 소리가 났다. 누군가가 세면통을 다시 가지고 들어왔다. 세면통에는 신선한 물이 담겨져 있었다. 그리고 종이에 적힌 지시 사항도 놓여 있었다. 지하실에서 처음으로 납치범의 목소리를 들었다. "안경입니다!"(독일어가 서투른 사람이 글을 읽는 듯한 말투였다) 세면통과 함께 안경 두 개가 내게 전달됐다. 그리고 납치 당시 가지고 있던 월요일 자 〈슈피겔〉지 한 부도 받았다.

참으로 묘한 생각이 들었다. 당시 나는 월요일 자 〈슈피겔〉지를 훑어보지도 못했다(강연 준비 때문에 읽을 시간이 없었다). 그리고 안경이 함께 전달됐다. 그러니까 납치

현장에는 어떤 흔적도 남아 있지 않은 셈이다(나는 납치범들이 남긴 협박편지, 수류탄, 넘어진 조각상에 대해서는 당시 아무것도 몰랐다. 또한 현장에 피가 흩뿌려진 것도 몰랐다). 어젯밤에 관찰한 결과 분명하게 드러난 사실은 다음과 같다. 즉 나는 확신범들에게 납치됐고 이는 우선은 장점으로 작용했다. (나중에 밝혀진 바로, 이 확신범행에는 극히 부분적으로만 전문적인 범행의 특징이 있을 뿐이고 대부분은 과대망상과 우둔함의 특성이 두드러졌다. 나는 지하실에 갇혀 있느라 이런 점을 몰랐던 것이 차라리 다행이었다)

지하실에서 지낸 33일 동안의 연대기는 여기저기 수정할 필요가 있다(물론 이는 독자들에게는 별로 중요하지 않다). 수정이 필요한 이유는 충격적인 사건을 당하고 일상의 삶이 중지되고 파편이 됨으로써 나는 시간의 흐름이 중단된 상태에 도달하고 그러는 사이에 사건은 나와는 무관하게 바깥세상에서 진행되는 바람에 납치된 자는 본인의 체험을 연대기적으로 서술하기 힘들어졌기 때문이다.

나는 시계를 되돌려달라고 여러 번 요청했다. 이 부탁을 할 때 다음과 같은 질문을 받았다. "영어 할 줄 아세

지하실에서

요?" "물론입니다." 그래서 지하실에서의 대화는 영어로 진행됐다. 내가 느끼기에 이 영국인의 말투에는 억양이 전혀 없었다. 독일인 특유의 억양이 아니었다. 아마도 영국에서 장기간 살았던 것 같다. 미국식 영어 발음은 아니었다. 상당한 시일이 지난 후, 나는 카페트에 먼지가 너무 많고 문에 난 구멍으로 먼지가 많이 들어와서 건강이 안 좋아진 것 같으니 진공청소기나 빗자루를 달라고 부탁했다. "진공청소기 아니면 빗자루라도 좋습니다." 이에 영국인은 이렇게 대꾸했다. "내일 후버를 드리지요." 후버라. 이는 영국인이 진공청소기를 지칭하는 자연스러운 어휘이다. 영어가 유창하지만 현지인이 아닐 경우는 영어 교과서에서 나오는 표현인 'vacuum cleaner'라고 말했을 것이다.

영국식 영어를 말하는 납치범은 이틀 후에 시계를 돌려주겠다고 했다. "시간 감각을 잃어버리는 게 좋아요." 맞는 말이다. 그리고 이 문장에서 상당히 많은 양의 정보를 알아낼 수 있었다. 첫 번째로 권력을 쥐고 있는 사람들은 기술이나 테크놀로지와 관련된 상황을 좌지우지하며 자신이 권력을 행사하고 있는 상황을 즐긴다는 것을 알게 되었다. 이를 통해 그들은 우월감을 느낀다.

두 번째로 시간 감각이란 '그리' 정확하게 파악되지 못한다는 점을 깨달았다. 왜냐하면 시간이란 순수한 느낌으로 보존되는 것이지 기억에 대한 표현으로 보존되는 게 아니라면 시간 감각을 상실하더라도 오로지 흘러간 시간에 대한 기억만 손상되기 때문이다. 나는 시계가 없기 때문에 머릿속에 보존된 '30분보다는 길고 한 시간보다는 짧다'라는 문장은 영원히 바뀌지 않는다(내가 납치 기간 동안에 시간을 정확하게 가늠하지 못한 이유에 대해서는 후반부에서 다룰 예정이다).

세 번째로는 뒤이어 떠오른 생각 때문이다. 즉 내가 자동차로 끌려간 시간을 몰라야 살해당할 가능성이 줄어든다는 자각 때문이다. 네 번째로, 하지만 집으로 돌아갈 때 시간 감각은 어떻게 될까? 시계를 돌려받으면 나는 '시간'을 인지할 수 있다. 여기서 생각이 막혔다. 그렇다면 납치범들이 시계를 빼앗으려고 난리법석을 부린 이유는 무엇일까? 그들은 내가 몰래 비밀 보고서를 쓰는 것을 막거나 아니면 다른 꿍꿍이속이 있을지도 모른다. 아니면 시계를 빼앗아감으로써 오히려 나중에 석방될

지하실에서

것이라는 암시를 주는 것도 같았다.

하지만 그들은 이미 살해 계획을 세워놓았을 지도 모를 일이다. 그래서 시계를 돌려주겠다는 말이 오히려 불안으로 다가왔다. 그들이 나를 풀어줄 생각이면 시계를 절대 돌려주지 않을 것이라는 생각이 들었다. 이러한 결론에 이르자, 내 생각이 억지스러운가 싶었다. 그런 다음 이런 생각도 들었다. 납치범들이 지하실에 머무르는 전체 시간을 속일지도 모른다고. 사흘이 지났는데 이틀이 지났다고 한다든가, 밤과 낮 시간을 거꾸로 만들어서 나를 낮에 자게 하고 저녁에 아침식사를 가져다줄지도 모른다는 생각이 들었다. 그러자 상당히 단순한 설명이 떠올랐다. 즉 집으로 돌아갈 때는 우회로로 갈 것이라는 생각이 들었던 것이다.

그들은 시계를 주고는 석방되기 하루 전날 다시 시계를 뺏어갔다. 트렁크에 실려 가는 동안 그리고 숲을 지나가는 동안 시간을 재지 못하게 하기 위해서다. 나는 결국 도착한 시간만을 알게 된다. 석방 전 시계를 다시 빼앗긴 것을 좋은 징조로 받아들이는 사고와 그에 수반되는 감정들을 재구성하려는 시도는 기묘하다고 할 수밖에 없다. 나는 며칠 동안 계속 이 문제에 대해 골똘히 생각했다. 시계가 없는 상황은 다르다. 내일 시계를 주겠다고 해놓고는, 이틀 뒤 뜬금없이 "시계는 도움이 되지 않아요"라니. 자기가 잘 안다는 투다.

아마도 오랫동안 감옥에 있어봤나 보다. 하지만 나는 시계가 큰 도움이 된다는 것을 안다. 하루를 나누고 남아 있는 시간 동안 겪을 문제들을 쪼개는 것이다. 언제부터 언제까지 무엇을 하겠다고 일정을 세우는 것이다. 그러면 한 가지 일에 집중할 수 있고 시간 시간마다 견딜 수 있는 것이다. 시계가 없으면 항구나 해안이 보이지 않는 망망대해에서 떠다니는 신세가 된다. 아니다, 더 끔찍하다. 이는 마치 거대한 물통에 갇혀 있는 꼴이다. 수영을 계속해도 아무데도 도달할 수 없어 결국은 가라앉아버리게 하는 물통 말이다.

예를 들면 오후 5시와 8시 사이는 유난히 길고 지루하게 느껴졌다. 몇 시간이 지난 것 같은데 실은 15분밖에 안 지나곤 했다. 시계가 없으면 또한 공포감이 엄청나게 밀려온다. 시계가 있다고 해서 시간을 조정할 수는 없지만 시간에 의해서 조정되지는 않는다. 이때 시간은 중

지하실에서

립지대가 된다. 바깥세상과 문제들 사이의 중간지대. 시계가 없으면 시간이 없고 대신에 영원이라는 정지 상태 속에 내던져지게 된다. 시계가 없는 이틀 동안, 나는 시계를 가져가는 단순한 행위로 인해 누군가의 손아귀에 장악되어 있는 현실을 자각하게 된다.

시계를 돌려받은 후 고맙다는 쪽지를 썼다. 그리고 '맞습니다. 시계는 도움이 되지 않군요'라고 적었다. 사실과 다르지만 아무튼 그렇게 적었다. 나중에 그들이 읽으라고 준 스릴러 소설에 이런 대목이 나온다. - "시계는 이리 내놓으시오." "하지만 이건 아주 싸구려 시계인데요." 그는 시계를 건네준다. 패닉 상태가 엄습한다. "제발"이라고 그는 말했다. 그렇게 말하지 말았어야 했다. 그는 구걸을 한 것이다. "시계가 없으면 시간을 어떻게 압니까?" "무슨 약속이라도 있어요?" - 시계는 문명의 상징이기는 하지만 문명의 상징에 국한되는 것은 아니다. 그것은 세계와의 소통을 위한 보조 수단이기도 하다.

이제 다시 연대기로 돌아가 보자. 노크하는 소리가 들린다. 일어나라는 신호다. 명령이 없었는데도 나는 눈을 감는다. 그들이 그러기를 원했는지, 나는 모른다. 나는

127

그럴 필요가 있다고 생각했다. 나는 의자 위에 앉혀졌고 큰 종이가 손에 쥐어졌다. "아, 이거!" 그는 앉아서 신문을 넓게 폈다. 폴라로이드 카메라의 플래시가 터지는 소리가 났다. 그리고 또 한 번 찰칵. 인화지가 혓바닥 내밀 듯이 나왔다. 나는 보고 싶지 않았다. 나는 사진을 찍는 복면 납치범과 자동 소총을 들고 있는 다른 복면 범인도 보지 않았다. 사진이 어떻게 나왔는지는 알 수 없었다.

그들이 두고 간 〈빌트〉지 1면 머리기사가 크게 찍혀 있다. "보세요, 이들이 얼마나 행복한지!"라는 머리기사와 슈뢰더 총리와 애인의 사진이 크게 실려 있었다. 그리고 〈포쿠스〉지도 놓고 갔다. 신문이 세 부나 생겼다. 함부르크 사회연구소 전 직원이 전에 터키 감옥에 있을 때 이런 얘기를 한 적이 있었다. "그때 우연히 신문이 한 부 생겼는데 내가 신문 천천히 읽기 세계 기록을 깼지." 몇 달 전에 〈슈피겔〉지 편집부에서 격렬한 비난을 받고 그날 신문을 꼼꼼히 읽은 적이 있었는데 오늘 나는 광고까지 빼놓지 않고 읽었다. 남김없이 훑었다는 표현이 맞겠다. 〈슈피겔〉지에 이렇게 많은 건축 자재 광고가 실리는 줄은 처음 알았다. 결국 내가 독자에게 하고 싶은 말은?
나는 그만큼 시간이 남아돌았다는 얘기다.

그들이 놓고 간 지시 사항도 읽었다. 내가 편지를 써
서 몸값을 준비시키라는 것이다. 나는 즉시 일을 착수했
다. 아내와 함부르크 연구소장 그리고 내 변호사에게 편
지를 썼다.

사랑하는 카트린,

사랑하는 프리첸발더 씨,

사랑하는 요한,

나는 납치되었어

몸값은 2,000만 마르크라고 하는군

이 돈을 준비해서 그들이 요구하는 방식대로 전달해주오

나는 잘 있소

내가 이곳에서 빨리 나갈 수 있게 모든 것을 부탁드리오

얀 필립 렘츠마

PS. 사랑하는 카트린, 그리고 요한

– 사랑해. 그리고 잘 참아줘요. 나도 그러고 있어 – 약속하지?

편지를 쓰고 나서 나는 기다렸다. 그런데 아무도 안 온다. 그들은 편지를 가지러 오지 않았다. 시간은 지나갔다. 얼마나 지났는지 알 수 없다. 내가 5시간이 지났다고 하면 아마 2시간이 지난 걸 거야, 라고 생각했다. 나는 〈슈피겔〉지를 한 자 한 자씩 꼼꼼히 읽고 광고도 또박또박 읽었다. 심지어 페이지 숫자도 일일이 읽고 확인했다. 방안을 이리저리 걷고 발걸음을 세며 시간을 죽이고 있었다.

캠핑 램프가 꺼져 더 이상 읽을 수 없게 되어서 다른 램프를 켜서 읽고, 걷고, 기다렸다. 시간이 흐르면 흐를수록, 불안은 점점 더 커져갔다 : 왜 편지를 가져가지 않는 거야? 그럴 이유가 없는데. 서둘러야 한다고 하지 않았던가 : 이 사람들 결국 아마추어인 거야, 갑자기 겁을 먹은 거야, 더 이상 감당하기 힘든 거지 : 도망친 게 분명해, 나를 쇠사슬에 묶어둔 채, 램프도 곧 꺼질 텐데.

그렇다면 플라스틱 식기로 벽에 박힌 쇠사슬을 긁어내는 수밖에 없겠지. 하지만 그게 되겠어? 크게 소리를 질러볼까. 아무도 못 들을 거 아냐. 아니야, 들을지도 몰라. 하지만 그들이 없어지지 않았다면 그들이 말하는 '감금 환경을 악화시키겠다'라는 협박은 어떤 것일까. 수갑을 채워, 아니면 재갈을 물려? 협박은 효과가 있었다. 나는 도망가지 않기로 했다. 나는 기다렸다가 읽고 또 읽고, 방을 왔다 갔다 했다.

두 번째 램프도 불이 점점 약해졌다. 불은 꺼질 것이다. 내가 여기서 죽으면 편지를 남길 기회조차 사라진다. 뒤늦게 내가 발견되면 내 시신 옆에 사랑하는 가족들에게 남길 편지라도 있어야 한다. 편지를 쓰는 동안 마음가짐을 새롭게 했다. 불안이 사라진 것은 아니지만 하나의 인격체로서의 자신을 다시 찾았다.

사랑하는 카트린,

사랑하는 요한,

앞으로 무슨 일이 일어날지 나는 모르겠어. 하지만 곧 불이 꺼져서 더 이상 편지를 쓰지 못할 상황이 될 것이오. 납치범들은 몇 시간 동안 연락이 없고 내가 보낸 편지도 가지러 오지 않고 있소. 최악의 경우 그들은 나를 내팽개치고 말겠지. 어쩌면 일이 잘될지도 모르지만, 우리는 다시 만나게 될지도 몰라. 당신과 우리 요한을 사랑한다고 말하고 싶고 우리가 함께 행복했

던 시간을 추억으로 간직하겠소. 어떤 일이 생기더라도, 나는
아름다운 삶을 살았다고 생각할 거요. 고마워!

                                    나의 아내와 아들을 사랑하는 얀 필립

　　나의 시신 옆에 놓일 이별 편지다. 곱게 접어 캠핑 램
프 밑에 놓는다. 그리고 계속 기다렸다. 내가 바로 지금
죽더라도, 나는 똑같은 편지를 쓸 것이다.

　　'나는 아름다운 삶을 살았다'는 루트비히 비트겐슈타
인이 남긴 마지막 말이고, "어떤 일이 생기더라도"라는
표현은 영화 〈록키 4〉에 나오는 말이다. 비트겐슈타인의
말은 항상 옳다는 생각이 들었다. 생을 다시 살더라도 근
본적으로 다르게 살지 않을 것이고 나쁜 삶은 아니었다
고. 갑작스럽게 닥친 운명 앞에서 자신의 삶을 조용히 관
조하게 된 것이 좋게 느껴졌다. 그리고 "어떤 일이 생기
든, 나는 너를 사랑해"라는 〈록키 4〉의 진부한 말은 일종
의 아이러니로 받아들일 수 있다. 생존 문제에 직면할 때
우리에게 필요한 것은 아이러니인 것이다.

　　왜 편지를 가져가지 않았냐고 물어봤을 때 그들은

"wrong paper"라고만 했다. 그게 다였다. 그게 무슨 말인지는 아직도 모르겠다. 그때는 팩스 기계에 문제가 생겼다고 생각했다. 왜냐하면 그들이 전화를 사용하지 않고 팩스를 사용하겠다는 말을 한 적이 있기 때문이다. 나중에 알게 된 사실로, 그때 그들이 발신자 표시 없이 팩스를 보내는 시도를 했었는데 종이를 손에 집는 실수를 해서 지문이 남으니까 새 종이를 사러 갔었다. 참 별거 아닌 일이었는데도 나는 극도의 불안감에 휩싸여 유서를 남기기까지 했으니 그 당시 나의 감정이 얼마나 쉽게 동요되었는지를 알 수 있다.

영국인은 내 편지를 집어 들었고 램프 밑에서 이별 편지를 발견하고는 그것도 가져갔다. 다음날 아침 그는 두 편지를 다시 들고 왔다. 편지 하나는 편지도 아니라며 이쪽 엘베 강 근처 동굴인 것 같은 유추를 할 수 있어 안 되고, 다른 편지에는 경찰을 배제하라는 얘기가 빠졌다고 추신을 다시 추가하라고 했다. 그래서 나는 다시 추신을 위한 추신을 썼다.

PPS. 경찰이 데이터베이스 수사를 하고 있다는 사실을 알고 있습니다. 어떤 종류의 수사이든 이 상황을 더 연장하는 결과만 가져올 것입니다. 이미 말했듯이 저는 잘 지내고 있습니다. 다만 조금이라도 이 기간이 짧아진다면 고맙겠습니다.

카트린, 사랑해 (요한을 내 대신 껴안아 줘)

당신의 F., 얀 필립 렘츠마

96년 3월 27일

그들이 쓰라고 명령한 '데이터베이스 수사'란 컴퓨터 수사가 아니라 광범위 수사라는 말인가 본데, 여하튼 나는 그들이 쓰라고 하는 대로 썼다. 그리고 나는 읽을 책을 좀 갖다 달라고 했다. 되도록이면 두꺼운 책이 좋다면서 성경을 언급했다. 그 책이면 마을 어느 작은 서점에도 있을 것이며, 그거 하나 못 훔치겠는가.

다음날 노크가 있었고 발소리가 왔다가 갔다. 문을 열고 보니 백화점 비닐봉지에《20세기 연대기》와《프라도의 회화집》이라는 화집이 들어 있었다. 동시에 천장의 전등을 내가 직접 끄고 켤 수 있도록 장치해주었다. 눈물나게 고마웠다. 납치범에게 느끼는 이러한 고마운 마음에 관해서는 뒷부분에서 다시 언급하겠다.

다음날 책이 다섯 권 더 왔다. 존 르 카레의《잠자리》, 톰 울프의《허영의 불꽃》, 페터 슬로터다이크의《냉소적 이성 비판》, 칼 야스퍼스의《위대한 철학자들》그리고 도스토예프스키 단편집이다. 이런 높은 수준의 선택에 나는 놀랐다. 여러 종류의 다른 장르를 골고루 선택했던 것이다. 스릴러, 장편 소설, 고전, 그리고 약간의 철학.

그런 신중한 마음 쓰임에 감동했다. 동시에 나는 이 사건이 하루 이틀에 끝나지 않을 것을 여기서 예감했다. 두 번의 돈 전달 실패가 있은 후, 그들은 두 차례 더 책을 날라 왔다. 두 번째에도 그들은 매우 신경 써서 작품을 고른 것 같았다.《제3의 발푸르기스의 밤》의 전신인 카를 크라우스의《이쪽과 저쪽》, 도리스 레싱의《아프리카로의 귀환》, 시몬 드 보부아르의《제2의 성》, 오스트로브스키의《비밀조직 결사대 모사드》, A. E. 요한의《황야의 침묵》. 마지막으로 온 책들은 브루스 채트윈의《꿈길》,《유년 시절의 행복》, 크로닌의《늦은 행복》, 키숀의《피카소의 달콤한 복수》, 세르지 필리피니의《불타는 인간》, 스텐 나돌니의《파렴치의 신》과 그리스 여행 가이드북이 들어 있었다.

이 책들의 선택에 대해 여러 생각을 해봤는데 맨 앞의 두 책 《20세기 연대기》와 《프라도의 회화집》은 같은 출판사 책이니까 옆에 있는 것들을 집은 것일 게고, 또 다른 두 책은 같은 피퍼 출판사 거고 등등. 내가 석방된 후 받은 편지 중에서 누군가가 여성이 고른 것 같다고 한 적이 있다. 보부아르뿐만이 아니라 존 르 카레와 레싱의 책 때문이라고 했다. 그리고 여행 서적을 좋아하고 특히 이스라엘 비밀 결사대에 많은 관심을 보이는 사람일 거라는 추측이 있었다.

영국인이 "우리는 전화를 사용하지 않는다"라고 말했지만 전화번호는 어쨌든 필요한 것이다. 양쪽 전화번호가 최근 새 번호로 바뀐 것도 유리하다. 그리고 나는 나의 자동차 번호도 적었다. 내가 살아 있다는 증거가 되기 때문이다. 하지만 정작 자동차 번호를 필요로 한 것은 납치범들이었다. 그들이 돈을 전달받을 때 자동차 번호를 확인해야 하기 때문이다. 나는 〈모르겐포스트〉지에 난 광고의 질문에 대한 답변도 썼다.

돈 전달자를 정하는 문제에 대해서 납치범들과 짧게 논의했다. 그들은 아내나 우리 집 정원사를 염두에 두고

지하실에서

있었다. 그들은 우리 집을 염탐할 때 그를 여러 번 본 적이 있었기 때문이다. 그들은 또한 내 아내가 돈을 들고 갈 수 있을 만큼 힘이 센지 물었다. 육체적이나, 정신적으로. 나는 그렇다고 대답했다.

그렇다고 대답하다니 내가 도대체 무슨 말을 한 것인가 싶었다. 돈을 전달하려면 아내는 아들을 집에 혼자 놔둬야 한다. 그 문제는 아내가 해결하기를 바랐다. 나는 내가 나서면 일을 해결하는 데 도움이 될 것이라는 환상에 사로잡혀 있었다. 그리고 이 일이 모레쯤이면 끝날 것이라고 생각했다. 아내도 당시 같은 생각이었다.

그리고 영국인은 나에게 〈모르겐포스트〉지의 광고를 읽으라고 줬다. 그는 자상한 목소리로 말했다. 물론 영어로. "걱정 말아요. 부인은 잘 있어요. 문제는 경찰 심리분석가입니다." 광고의 내용은 이렇다. '나는 준비됐어요. 게르하르트가 나 대신 다 할 거예요.' 게르하르트라니. 내가 아는 게르하르트는 요아힘 케르스텐의 동업자인 게르하르트 슈벤뿐인데. 게르하르트 슈벤은 학교 동창이다. 원래 이름이 게르하르트 요한 슈벤이었는데, 후에 요한 슈벤으로 바꾸고 법률회사 명함에도 그렇게 적혀 있다. 그런데 광고에는 왜 요한이라고 안 썼지? 아, 아들하고 이름이 헷갈릴까봐 그랬나보다. 그래서 게르하르트라고 했나보다.

나는 첫 번째 광고를 보기 쉽게 탁자 위에 놓이두었다. 이 모든 공포의 장면이 곧 끝날 것이라는 내용이 나를 안심케 했다. 뒤따른 광고도 옆에 쭉 펼쳐놓았다. 하지만 언젠가부터 그것을 쳐다보면 가슴이 미어졌고, 그래서 나는 그것을 치워버렸다.

나는 편지를 계속 쓰고 싶어서, 혹시 내가 쓰면 안 되는 것이 있냐고 물어봤다. 그는 웃으며 말했다. "쓰고 싶은 거 있으면 마음대로 쓰세요." 충분치 않은 답이다. 일단 나는 지하실의 상황에 대해 쓰기 시작했다. 나는 아내와 아들을 안심시키고 싶었다. 위생 처리가 되고, 먹을 것과 마실 것을 주고 등등. 쇠사슬 얘기는 안 썼다. 지하실 안에서 하루에 1만 8,000 보를 걷는다고는 썼다. 하지만 이 편지는 보내지지 않았다. 너무 잘 지낸다고 쓰면 안 된단다. 다음 번 편지는 다행히 검열을 통과했다.

사랑하는 카트린, 사랑하는 요한

가족에게 편지를 써도 된다는 허락을 받았어. 어서 가족 곁으로 가고 싶다는 말 외에 무슨 다른 말이 필요하겠냐! 당신과 요한이 얼마나 힘든지 알고 있어. 요한, 우리 같이 오후 5시에 〈20세기 연대기〉를 보자. 그리고 1900년에서 1995년 사이에 무슨 일이 일어났는지 보자. 우리 둘이 동시에 보자. 오늘 3월 30일에 시작하자. 이 편지는 아마 내일쯤 받아볼 수 있을 거야. 곧 만나자. 당신과 요한을 격하게 껴안으며

사랑하는 F.

PS. 요한, 노래 '지루해!'를 나를 위해 들어다오!

요즘 외롭게 TV를 보고 있을 아들을 위해서 한 제안이다. 나는 며칠만 더 있으면 된다는 희망 하에 이런 제안을 한 것인데 시간이 점점 흐르고 보니 매일 오후 5시가 되면 괴로움이 엄습해왔다. 결국 이 시도를 멈추게 되었다. (아들도 처음 며칠만 보고 그만뒀다고 한다. 희망에 들떠 TV를 보곤 했는데 점점 괴로워졌다고. 아들이 나보다 영리할 줄 알았는데 나중에 들어보니 아니었더라. 나보다 오래 봤단다)

추신에서 언급했던 '지루해!'라는 노래는 '에르츠테'

라는 밴드의 노래이다. "에르츠테가 브레멘 출신 밴드인가요?"라고 영국인이 물었다. 이는 마치 지하실의 위치를 가르쳐주는 것으로 오해받기 쉽다. 하지만 지하실의 위치는 아니까 내가 들고 찍은 신문에 브레멘 판이라고 적혀 있어서 그럴 필요가 없었다. 나는 그 신문을 들여다보지 않아서 그런 줄 몰랐다.

납치범들은 경찰이 범인이 한 명인 줄 알고 있다며 매우 불안해했다. 그들은 경찰을 도청하고 있는 것 같았다. 경찰이 두 사람의 흔적을 봤을 텐데 그럴 리가 있느냐고 하니까, 내 아내가 범인이 두 명이었으면 남편이 싸움을 할 사람이 아니라고 했단다. (나중에 알려진 바로는 실제 그런 이야기가 오고 갔다고 한다)

나는 불안해졌다. 납치범 편에 선 것이 잘못인 것 같았다. 나는 또 편지를 쓰겠다고 했다. "그쪽에서는 우리가 시킨 줄 알겁니다." 식구들이 내 입장을 이해해주길 바라며 또한 영국인이 그걸 눈치 채지 못하게끔 은유적으로 써보기로 했다.

사랑하는 카트린

요즘 어떻게 살고 있어? 가끔 그런 생각을 떠올리곤 해. 그리고는 곧바로 멈추곤 하지. 당신이 결정을 해야 하는데 어떤 것이 옳은 결정인지 알 수 없을 거야. 나는 일어났다, 앉았다, 서성거리며 아무것도 할 수 없어. 이런 내가 한심하기도 하고, 어떤 때는 돌아버릴 것 같아. 내가 집에 있을 때 마지막으로 읽은 책이 도스토예프스키의 《지하로부터의 수기》인데 거기서 읽은 구절이 생각나네. 모든 것은 미신적이라는 말. 그리고 《파우스트》 2권에 나오는 말, '모든 것은 은유적이다'라는 말이 생각나네. 사랑해, 곧 다시 만나자!

사랑하는 아들에게
엄마를 꼭 한 번 안아주렴. 나도 같이 안아주렴! 그리고 우리 반려동물들 ─ 세 마리 고양이와 세 마리 강아지에게도 인사 전해줘! 잘 지내고 곧 다시 만나기를 희망한다.

더없이 사랑하는 F.

일단 도스토예프스키의 소설 제목에서 내가 지하실에 갇혀 있다는 것을 유추하게 했고, 《파우스트》 2권에 나오는 삼박자 단락으로 되어 있어서 납치범들이 3명이라

는 것을 암시했고, 고양이와 강아지도 세 마리라서 3이
라는 숫자를 강조했다. (하지만 나중에 들은 바로는 강아지
는 두 마리인데 셋이라고 한 것을 봐서 정신 상태가 올바르지
않다고 판단했단다) 여하튼 그때는 괴테 전문가가 아니고
는 이를 알아차릴 수 없다고 생각했었다. 하지만 이 모든
것은 결론적으로 허사였다. 나중에 들은 바로 경찰이 내
가 그런 경황 중에도 괴테의 《파우스트》를 인용하는 것
을 보고 대단하다고 생각했단다.

　드디어 돈 전달 날짜가 잡혔다. 부활절이면 내가 집에
갈 거라고 얘기했다. 나는 또 한 번 편지를 썼다.

사랑하는 카트린

오늘 밤이면 벌써 일주일이 되네. 그때까지만 해도 우리에게
이런 현실이 닥치리라고는 상상도 하지 못했지. 그런데 이게
현실이네. 우리 다시 만나자. 그러기 위해서 당신이 할 수 있
는 일을 모두 동원해서 나를 이곳에서 빨리 꺼내주오!
사랑하는 아들 요한아, 오후 5시에 〈연대기〉 봤어? 나는 봤어.
우리 빨리 만나자! (그리고 노래 틀어다오. 알지?)

　　　　　　　　　　　　　　　　　　　　지하실에서

4월 3일 아침에 영국인이 씩씩거리며 지하실로 들어왔다. 계속 이런 식으로 한다면 이 일이 앞으로 몇 달씩이나 걸릴 거란다! 아무도 안 왔단다. 곧 모든 것이 끝나리라 기대했는데 수포로 돌아간 건가(그리고 그것은 자유를 의미하는가, 아니면 죽음을 의미하는가), 나는 밖에서 무슨 일이 일어나고 있는지 도무지 알 수가 없었다. 왜 아무도 안 와?

4월 2일자 〈모르겐포스트〉지 광고에서 내가 생존한다는 증거를 요구했다. "왜 사진을 보내주지 않나요?"라고. 그래서 안 온 걸까? "말도 안 되는 소리. 사진이 무슨 필요가 있어. 자필로 계속 편지 쓰고 있잖아. 살아 있는 건 알고 있다고." 영국인은 말했다. 게다가 이쪽에서 기다리던 숲에 경찰이 잠복하고 있었단다. 돈 전달 장소에서 납치범들을 함정에 빠뜨리려고 했던 것인가? 납치범들은 그렇다고 생각한다. 편지를 다시 쓰라고 나한테 말한다. 나의 변호사가 내 편인지, 경찰 편인지 물어보고 부인에게는 내 손가락을 자르겠다고 쓰라고 말이다.

나는 격렬한 편지를 썼다. 나중에 아내한테 들은 바로, 아내는 편지를 받고 굉장히 화가 났다고 한다. 나는 그녀를 이해할 수 있다. 내가 상황을 해결하려 한 것이 아니라 상황을 더 어렵게 한 것이라는 것을. 나에게는 손가락이 잘린다는 두려움보다 지하실에서 몇 달을 더 지내야 한다는 공포가 컸던 것이다. 더불어 아내와 변호사가 나를 빨리 꺼내줄 생각은 않고 경찰의 지시대로 움직이는 것이 못마땅했던 것이다. 도대체 무슨 일이 일어난 거야? 납치범들도 일을 빨리 끝내려고 하고 있는데.

이 시점에서 납치범들은 나를 어느 정도 자기 쪽으로 끌어들인 것 같았다. 나는 나를 구해내는 것 외에 다른 어떤 추가 이유도 고려되어서는 안 된다는 입장이다. 물론 타당한 이유가 있었겠지. 하지만 나는 여기서 나가고 싶어. 다른 것에는 아무 관심도 없다고.

1996년 4월 3일, 수요일

사랑하는 카트린

당신과 요한이 뭘 하는지 모르겠군. 오늘 아무도 안 왔다고 하더군. 나는 두려워! 지금 여기 분위기가 아주 험악해지고 있어. 이런 식으로 가면, 일이 몇 달이나 걸릴지 모르고, 내 손가락을 자르겠다고 위협하고 있어. 나는 그 말이 그냥 하는 말이 아니라고 봐. 카트린, 내 말을 믿고 제발 나를 도와줘. 지금 바로! 시간을 끌지 마! 게르하르트가 돈을 전달하겠다고 했는데 내가 아는 게르하르트는 슈벤뿐이야. 그러면 나도 찬성이야.

나는 경찰이 슈벤에게 물어볼 신원 확인 질문을 이미 넘겨줬어. 그가 제대로 답변하기만 하면 돼. 다른 가능성으로는 프리첸발더 씨가 있어. 그도 신원 확인 질문을 받게 될 거야. 카트린, 제발 모든 것이 제대로 되도록 힘써줘! 사랑해! 도와줘, 나 힘들어, 더 이상 견딜 수가 없어! 당장 오늘 밤에 해결해야 해!

생존 증거로 사진이 따로 필요하지는 않을 것 같아. 시간 낭비야. SZ지 3면 머리기사는 '체첸에 관한 UN의 보고서: 인간의 존엄성, 발로 짓밟히다'와 '독일의 아들 칼'을 오늘 기사 제목으로 썼으니 이를 생존 신호로 받아주길.

얀 필립

게르하르트 슈벤에게

사랑하는 게르하르트. 네가 카트린 대신 돈을 전달한다는 광고를 읽었어. 나도 찬성이야. 고마워. 하지만 제발 경찰은 빼줘. 그런데 왜 아무도 안 온 거지? 나는 지금 큰 위험에 놓여 있어! 그러니 제발 오늘 밤에 돈을 전달해줘. 네가 싫으면 프리첸발더 씨에게 부탁하든지. 이것은 나의 단호한 엄명이야! 너와 프리첸발더 씨를 위해 신원 확인용 질문을 전달했어. 제발, 내 말대로 해줘. 경찰은 절대 안 돼!

얀 필립 렘츠마

생존 신호 암호는 오늘 SZ지 머리기사 '레히 발레사…'"

많은 감탄 부호가 찍힌 것을 보면 나의 정신 상태가 잘 반영되어 있다. '경찰은 절대 안 돼'라는 대목에서 내가 이미 납치범 쪽으로 기울고 있다는 것을 나타낸다. 돈 전달자로 절대로 직원을 사용하지 않겠다는 약속을 하고도 정원사 프리첸발더 씨를 호명한 것은 나의 정신 상태를 잘 말해주고 있다. 물론 그것이 납치범의 아이디어이긴 하지만 그렇더라도 내가 다른 제안을 했어야 했다.

나는 남들이 내가 보낸 편지들을 보고 내가 잘 있으니 2~3일 더 있어도 되겠다고 판단할까봐 정신이 혼미한 상태였다.

납치범들이 편지를 가져간 후에 SZ지 머리기사가 잘못 쓰인 것을 알아챘다. '발로 짓밟히다'가 아니라 '장화로 짓밟히다'인 것이다. 큰 잘못은 아니나 편지를 추가로 급히 쓰고 문을 쾅쾅 두드려서 영국인이 오자 환기통 밑으로 밀어 넣었다.

사랑하는 카트린

내가 흥분해서 SZ 제목을 잘못 썼어. '인간의 존엄성, 발로 짓밟히다'가 아니라 '장화로 짓밟히다'였어. 내가 특별한 은유를 적은 것은 아니었고 그냥 신경이 흥분 상태여서 그랬어. 돈을 바로 오늘 전달해주었으면 해! 나는 더 이상 버티기가 힘들어.

얀 필립

추가 생존 인식 신호: SZ지 맨 위 왼쪽 기사 제목: '아라파트: 국민투표...'

"나는 더 이상 버티기가 힘들어!"라는 말이 다시 나온다. 이미 썼는데 안 쓴 줄 알고 다시 쓴 거다. 생존 인식 신호도 쓴 걸 또 한 번 썼다. 혼란한 정신 상태를 나타내 주는 증거이다.

후에 이 편지를 읽어 보니 내가 당시는 아직 감금 상태에 덜 적응이 되었던 시기였던 것 같다. 물론 완전히 적응한다는 것은 있을 수 없는 일이지만 초기의 편지와 마지막 편지 사이에는 큰 차이가 눈에 띈다. 초기에는 내가 영국인에게 "당신들이 기대하는 게 뭐야?" 하고 묻곤 했다. 그러면 영국인은 항상 원론적인 대답만 했다. "원래 이런 일은 시간이 걸립니다"라고.

납치 초기에 첫 번째 돈 전달이 실패하기 전에는, 납치범들이 나에게 이 일이 5일 정도 걸린다고 했다. 그때 나는 그렇게 오래 걸리다니 하고 엄청난 충격을 받았다. 그로부터 14일 후 룩셈부르크에서의 돈 전달이 실패로 끝나고 납치범들이 다른 돈 전달자를 요구했을 때 내 일기장에는 앞으로 2주일이 더 걸리겠다고 적혀 있다.

그때는 처음에 5일이 더 걸린다고 했을 때만큼 충격을 받지 않았다. 그 이유는 세 가지로 나눌 수 있다. 첫째,

지하실에서

처음에는 몰랐으나 나중에 절망의 순간은 시간이 지나면 극복된다는 것을 알게 되었다. 둘째, 휴가 여행이 4주일인 경우 앞의 2주가 뒤의 2주보다 길게 느껴진다는 사실. 셋째, 세상 밖의 공간에 점차 익숙해지는 것이다.

우선 지하실의 벽들이 익숙해진다. 책도 처음에는 시간을 죽이기 위한 도구였는데 점차 독서의 세계에 빠지게 되고 등등. 사람은 모든 것에 익숙해질 수 있다. 나보다 더 험한 일을 당한 사람들이 얘기하는 것을 보면 그렇다. 물론 그때의 '익숙하다'는 말은 우리가 일상에서 쓰는 뜻과는 다르다. 그들이 말하는 '익숙하다'는 불행을 내면화해서 나의 일부가 되는 것을 말한다. 그때 얻어지는 강한 힘은 그들이 잃어버린 것에 비하면 엄청나게 적은 양의 비율이다. 그렇지 않겠는가? 이는 수량을 측정하거나 검증할 수 있는 종류의 것이 아니다. 길고 긴 트라우마를 이겨낸 끝의 결과물이다.

이 사건을 나중에 재조명했을 때 두드러지는 사실은 내가 그때 돈 전달이 '오늘' 시행되어야 한다고 강조한 것이다. 납치범들이 팩스를 사용하니까, 편지를 보내자마자 받고, 곧바로 행동에 옮길 수 있다고 생각한 점이다. 납치범 쪽에서 특히 빨리 반응할 것이라 짐작했다. 편지 날짜는 4월 3일(수요일)이었다.

내가 계산한 바는 이렇다. 이번 돈 전달은 빠르면 수요일 밤이고(그래서 내가 서두르는 것이고), 아니면 목요일, 늦어도 금요일 밤까지는 된다는 생각이었다. 언젠가 그들이 모든 것이 순조롭게 진행되면 부활절에 집에 갈 수 있다고 말한 적이 있으니까. 그러면 바로 그 일요일 다음 날이 부활절 월요일이 된다. 돈 전달 후 지켜지는 48시간 유예기간이 포함된 계산이다.

그 사이에 나는 손가락을 잘릴 경우를 대비했다. 손가락 하나라. 손가락이 열 개인데 그럼 어느 것을? 아무래도 가장 적게 사용하는 왼쪽 새끼손가락이겠지. 나더러 고르라고 하면 그 손가락을 골라야. 이 손가락과 이별할 마음의 준비를 시작했다. 나는 악기를 연주하는 것도 아니고, 타자 칠 때도 그 손가락을 안 쓰니까 문제는 없겠다. 새끼발가락은 어떨까도 생각해봤다. 하지만 발가락은 문제가 있을 것 같았다. 내가 스키를 타니까. 그리고 상처도 쉽게 아물지 않아서 살아서 풀려난다 해도 나를 운반하기가 쉽지 않을 것 같았다.

지하실에서

여기서 내가 죽음과 알프스 스키 휴가를 오가는 불안정한 정신 상태를 유지하고 있었다는 게 드러난다. 항상 이런 잔혹한 현실이 비현실과 교착 상태에 있곤 했다. 손가락을 잘린다는 것은 마치 마피아 영화에서나 나옴직한 장면이다. 어쨌든 나는 그날 나의 손가락과 작별 인사를 했다. 그동안 수고해준 손가락에게 감사를 표하지도 못하고 살다가, 불쑥 이별하게 된 것은 유감이었다.

많이 아플 것이라는 걱정은 들지 않았다. 전쟁 때 군인들이 최전방으로 끌려가는 것을 피하기 위해 손가락을 자르곤 했다는 얘기를 들은 적이 있다. 그러니까 많이 아프지는 않은가 보다. 문제는 어떻게 자르느냐는 것이다. 한밤중에 납치범들이 복면을 쓰고 달려들어 칼로⋯ 납치의 트라우마가, 초기에 머리를 얻어맞은 것 외에 또 하나의 트라우마가 추가되게 생겼다. 그 장면이 피가 덜 나고 제대로 된 의료적 조치가 취해지는 상황이었으면 좋겠다. 그때 그쪽을 볼까, 말까?

다음에 생각이 미친 것은 언제냐 하는 것이다. 빠르면 목요일이 될 텐데 그러면, 손가락을 우편으로 부치게 될 거고 다음날은 금요일인데 이 날이 공휴일(수난절)이니까, 토요일에나 부치게 되나? 모르겠다. 여하튼 목요일이나 금요일에 손가락을 자르면 부활절이 지난 화요일에나 우체국에 도착할 테고 그러면 아무리 빨라도 화요일 밤이 되어야 다음 접촉이 이루어진다.

그러면 나는 다음 돈 전달 날짜가 정해지기 전에 6일 동안이나 손에 상처를 입고 있게 된다. 의료 처치 없이 6일간 상처를 놔두면 곪을 것은 뻔한 일이다. 여기에 또다시 죽음에 대한 공포가 밀려온다. 납치범들이 거기까지 생각했을까? 알 수 없다. 그래서 나는 이러한 문제를 논리적으로 지적하는 편지를 납치범에게 쓰기로 했다. 손가락을 자를 거면 우편으로 부치는 문제도 있으니까, 되도록이면 월요일 이후에 하는 게 좋겠다고.

그리고 붕대, 소독약과 진통제를 준비해달라고 부탁했다. 상처 부위의 염증을 생각해서 항생제를 준비하되 내가 페니실린 알레르기가 있으니 페니실린이 들어가지 않은 항생제가 필요하다고 썼다. 나는 편지를 접고 겉에 다음과 같이 영어로 적었다. '나의 손가락을 자르려면, 우선 이것을 읽으시오!!' 그 편지를 즉시 전할 수 있게 낮에는 팔에 끼고 있고, 밤에는 매트리스 밑에다 놓았

다. 그리고 문을 두드리기만을 기다렸다. 하지만 아무 일
도 일어나지 않았다. 돈 전달은 또다시 실패했으나 나의
몸은 성했다. 월요일에 나는 그 편지를 찢어 쓰레기통에
버렸다.

돈 전달 시도는 이루어지지 않았다. 납치범들은 경찰
이 깔려 있어서 그랬다고 나에게 보고했다. 나중에 안 사
실에 의하면 납치범들이 수난절 금요일에 전화를 하려
고 했는데 이를 갑자기 취소했다고 한다. 경찰이 광범위
하게 포진하고 있다고 여겼기 때문이다. 부활절 일요일
과 다음날인 부활절 월요일 이틀 동안 그들은 나에게 또
다시 편지를 쓰라고 했다. 이번에는 제발 일이 성사되도
록 알아서 잘 쓰라는 요지였다.

1996년 4월 7~8일

사랑하는 카트린,

사랑하는 게르하르트,

다른 사람들에게 이 편지를 보이기 전에 우선 당신들 둘이서

의논을 해보시오. 나는 이 편지를 그들이 불러주는 대로 받아 적

는 게 아니오. 그것을 증명할 수는 없지만 아무튼 그렇소.

사랑하는 카트린, 난 오늘로 24일째 여기에 있어. 그런데 그 동안 된 일이 하나도 없어. 14일 동안 다리가 쇠사슬에 묶여 있었어. 자세히 얘기하자면 앞뒤로 3걸음씩 옮겨서 현재 총 1만 8,000걸음을 걸었소. 그래도 살아 있다는 사실에 감사하고 있어. 가족을 생각하면 가슴이 먹먹해져. 나는 내 가족을 사랑해. 나를 제발 꺼내줘. 언젠가 꺼내달라는 얘기가 아니라, 바로 며칠 안에, 제발 부탁이야!

사랑하는 카트린,

사랑하는 게르하르트,

시간이 지체될 때마다 나의 정신 상태는 점점 더 고갈되어 한계에 다다르고 있어(나를 여기로 데려온 자들의 신경은 점점 더 날카로워지고 있어). 내가 들은 바로는 첫 번째 돈 전달 구역에 경찰이 잠입했다고 해. 그들이 눈치챘나봐. 그리고 토요일 밤에 전화 접촉할 때 경찰이 수화기를 들고 있었던 것 같아(게르하르트 자네한테 쉬운 이름인 '잉그리드' 나 '뒤르센' 이라는 이름을 세 번씩이나 반복한 것을 보니 나의 납치범들이 경찰보다 더 프로페셔널하다고 느껴졌어). 그 결과로 이 편지가 도착하려면 화요일이 될 거고 그때 다시 약속 날짜를 잡고 하다보면….

제발, 이번이 마지막이길 빌고 있어! 전례를 보더라도 이 일은
앞으로 몇 주가 더 걸릴 거야. 나의 상황이 더 나빠질 것인지
는 나도 모르겠어. 하지만 지금의 상황이 그대로 유지되더라도
충분히 끔찍해. 시간이 지연되면, 고통은 기하급수적으로 늘어나
고, 돈의 액수도 점점 커져.

이 모든 것은 오로지 둘의 손에 달려 있어. 이번 주에 다음 돈 전
달이 있게 될지, 그리고 그것이 성공을 할지, 즉 경찰의 개입이
없어야 한다는 것이지. 이번에도 실패하면 더 이상은 예측이
불가능한 상황이 돼. 나는 그러고 싶지 않아. 아니 더 이상 그
럴 수가 없어!

사랑하는 게르하르트, 자네는 나의 변호사야. 의뢰인인 나는
경찰의 개입 없이 돈을 전달하도록 자네에게 지시하는 거
라네.

사랑하는 카트린, 이하동문이야. 다시 반복해서 쓰고 싶지 않
아. 밖의 일은 당신의 결정 사항이야. 그리고 경찰에 저항하
는 것은 게르하르트의 몫이야. 나는 여기서 나가고 싶어. 아니,
나가야만 해! 카트린 제발, 요한과 당신과 나를 위해! 시간을

더 번다고 해서 무슨 해결책이 있는 것은 아니야. 그 반대야.
요한을 내 대신 꼭 안아줘(당신과 요한을 영원히 사랑해).

사랑하는 얀 필립

이 편지에서 특이할 점은 내가 처음으로 '나의' 납치
범이라는 단어를 썼다는 사실이다. 이는 심리적으로 시
사하는 바가 크다. 그 전에는 일기를 쓸 때에도 한 번도
그렇게 쓴 적이 없었다. 경찰의 개입으로 일이 자꾸 지연
된다는 납치범들의 얘기가 맞는다고 여겨지면서 심리적
으로 경찰과 반대편에 서게 되고, 현실적으로 납치범들
과 같이 묶인 느낌을 갖게 된 것이다. 나와 납치범과 아
내는 일이 지연되는 것을 싫어하는 데 반해, 경찰은 일이
지연되기를 원한다.

영국인의 말이 맞는 것 같다는 생각이 들었다. "경찰
은 우리를 체포하려고 해. 그리고 누구나 그렇듯이 우리
도 실수를 하지. 작은 실수들을. 우리가 실수를 할수록
경찰은 우리에 대해 더 많은 정보를 갖게 되지. 그들은
우리를 화나게 하고 신경질적으로 만들려고 해. 경찰은

지하실에서

당신에게 관심 없어. 경찰은 갱스터와 마찬가지야. 둘 다 사냥꾼이지. 그리고 우리는 포기하지 않아."

이러한 갱스터 심리학은 영국인의 성격에 맞는 논리인 것 같았다. 나는 내 나름대로 추측을 해보았다. 여기 경찰 고문이 있다. 그는 나를 살아서 다시 보려면 납치범과 은신처를 찾아내야 한다고 아내를 설득한다. 물론 나는 그렇게 되기를 바란다. 갑작스런 소음, 뛰는 소리, 총소리 등등. 그리고 나서는? 아마도 범인들이 들이닥쳐서 복수로 나를 쏴 죽일 것이다. 그렇다면 나는 매트리스에 있으면 안 되겠고, 책상 밑이 안전할까. 이 지하실에서 안전한 곳은 어디에도 없다. 그래도 정면 사격 라인인 문과 매트리스에서는 떨어져 있어야 한다.

나는 이러한 상황이 오기를 바란다. 하지만 그런 일이 일어나리라고 믿지는 않는다. 납치범들은 경찰이 여기까지 쳐들어오는 사태를 불러올 실수를 하지 않는다. 나는 그들이 프로라고 생각한다. 그들은 자신들이 자백했듯이 작은 실수를 하긴 하지만, 많은 실수를 하진 않는다. 나는 영국인이 전직 경찰이었을 가능성이 있다는 생각이 들었다. 슈벤이 전화 통화할 때 신원 확인을 하는데 그때 질문이 뒤르셴 선생님이 어떤 장애를 갖고 있었냐는 것이었다. 이는 슈벤이 오래 생각해야 하는 종류의 물음이 아니었다.

영국인 말로는 그때 전화 받은 사람이 이 질문을 여러 번 반복한 다음에서야 대답을 했다고 한다. 결국 슈벤이 아니었다는 말이다. 경찰이 전화를 받고 질문을 일일이 슈벤에게 물어보고 답하느라 시간이 걸렸다는 말이다. 전화가 도청되고, 경찰이 수화기를 잡고 하는 것은 그다지 문제되지 않았다. 하지만 나를 아연질색하게 한 것은 경찰의 아마추어적인 발상이었다.

확성기를 사용하거나 여러 개의 수화기를 동시에 설치할 수는 없었는가? 그런 식이라면 돈 전달이 실패로 돌아간 것도 무리가 아니다. 나는 갑자기 그들이 돈을 받고도 나를 놔주지 않을 수도 있다는 생각이 들었다. 그렇다 하더라도 일은 빨리 진행되어야 한다. 앞으로도 수 주간 이곳 지하실에서 지내서는 안 된다(어쩌면 그들은 공포심에서 나를 살해할지도 모른다). 나는 더 이상 기다릴 수 없어, 안 된다고! 당신들, 내가 너무 투덜댄다고 생각할지 모르지만 나는 정말 더 이상 버틸 수가 없어. '며칠만 더 있으면 은신처를 찾아낼 수 있을 것이다'라는 생각은 접었으면 좋겠다. (나중에 안 사실이지만 그 전화 통화 문제는 이렇다. 납치범들이 전화기에 음성 변조기를 장착해서 슈벤이 알아듣지 못하고 여러 번 물어본 것이었다. 나는 당시에는 납치범들의 이러한 아마추어적인 태도를 몰랐다. 룩셈부르크에서 경찰이 어떤 역할을 했는지는 아직도 잘 모르지만 아내와 변호사가 둘이서만 편지를 읽고 경찰에게는 알리지 않아야 한다는 나의 생각이 얼마나 순진했는지 나중에 알게 되었다. 우리 집으로 오는 모든 우편물은 중앙우체국에서 수신되어 감식 절차를 거친 후에 전달된다는 사실을 몰랐던 것이다)

편지의 오른쪽에 메모를 남겼다. '내 아들 요한에게 쓴 편지를 동봉함'(납치범들이 전해주든지, 아닐 경우 이를 빼돌린 것을 눈치 챌 수 있게).

사랑하는 요한,

나는 빨리 네 곁으로 가고 싶다. 가서 너를 꼭 껴안고 싶어. 그리고 우리들의 아름답고 지루했던 일상으로 돌아가고 싶어! 우리의 먼 미래를 상상해봤어. 입시가 끝나면 같이 긴 세계

여행을 할까? 내가 경로를 한번 짜봤어(지도를 꺼내보렴).

함부르크 - 바르샤바 - 크라카우 - 프라하 - 부다페스트 - 빈 - 피

렌체 - 로마 - 나폴리 - 아테네 - 델피 - 올림피아 - 에게해

섬들 - (중간 휴식) - 이스탄불 - 앙카라 - 바그다드 - 리야드 - 예

루살렘/텔아비브 - 카이로 - 아디스아바바 - 나이로비 - 하라

레 - 마다가스카르 - 세일렌 - (중간 휴식) - 실론 - 봄베이 - 캘

커타 - 델리 - 네팔 - 타슈켄트 - 몽골 - 북중국 - 일본 - 타이완 -

남중국 - 베트남 - 태국 - 싱가포르 - 뉴기니 - 호주 (다윈/페르스/

테즈매니아) - 뉴질랜드 - (중간 휴식) - 알래스카 - 밴쿠버 - 퀘

벡 - 뉴욕 - 나이아가라 폭포 - 세인트루이스 - 솔트레이크시티

- 샌프란시스코 - 멕시코 - 과테말라 - 카리브해 - (중간 휴식) -

페루 - 브라질 - 아르헨티나 - 포크랜드 - 남극 - 트리스탄 다 쿤

하 - 남아프리카 - 콩고 - 모로코 - 스페인 - 파리 - 런던 - 에든

버러 - 파리 - 노르웨이 - 핀란드 - 모스크바 - 상트페테르부르크

- 스톡홀름 - 코펜하겐 - 함부르크

이 정도면 세계를 어느 정도 돌아본 셈이지? 네가 알다시피

나는 지금 이런 것을 상상할 시간이 많아. 곧 다시 보자.

너를 꼭 껴안으며, 너의 아빠 F.

편지를 건넨 후에 생각해보니, 그냥 심심해서 상상해보던 세계일주 경로인데 이를 가지고 경찰이 추적하지 않을까 생각됐다. 하지만 지하실에 갇혀 있는 불쌍한 한 아버지가 아들과 같이 세계여행을 하는 공상인 것임이 곧 드러날 것이다. 나중에 들은 바에 따르면, 경찰은 내가 정신이 이상해진 것으로 생각했고, 아내가 그렇지 않다고 하자 경로를 연구하면서 베를린이 빠진 것이 은신처가 베를린에 있어서 그런 것이 아닌가 하고 의심했다고 한다.

나는 납치범들이 비행기를 요구한 것을 몰랐다. 그들의 프로 근성을 확신했던 나는 이를 충격적으로 받아들였고 과대망상의 발로라고 생각했다. 하지만 비행기 요구는 어쩌면 일종의 교란 작전이었는지도 모른다.

나는 계속 기다렸다. 집과 두 호텔에 전화했다는 말을 듣게 되었는데 이는 영국인이 아내가 여성 경찰로 바꿔치기 됐다는 얘기를 들어서 알게 됐다. 그 여자가 두려운 기색 없이 매우 공격적으로 "당신이 내 남편을 납치한 사람이오?!"라고 했더란다. 나는 세상이 다시 정상으로 돌아온 것 같았다. "여자 경찰이 아니었소. 그게 바로 내 아내 맞소"라고 나는 말했다.

하지만 영국인은 자기 말을 확신하는 것 같았다. 슈벤 변호사가 여전히 번거롭게 '그가 여전히 경찰의 지시대로 전화를 질질 끌고 있다'고는 하지만, 이번에는 경찰 없이 일이 잘될 거라고 믿고 있었다. 영국인은 이번 돈 전달은 외국에서 있게 될 것이라고 했다. 룩셈부르크에서. 2,000만 마르크를 트렁크에 싣고 국경을 넘는단다. "그쪽에서 경찰에 연락해서 국경을 넘을 수 있게 조치해야 해. 안 그러면 리스크가 너무 커"라고 영국인은 말했다.

돈 전달은 토요일에 있을 예정이다. 그러면 영국인은 월요일에 다시 와서 밤에 나를 풀어준다고 했다. 그는 지금 금요일에 떠난다면서 필요한 게 있으면 말하라고 했다. 나는 심한 두통과 감기 때문에 아스피린과 코감기 약을 부탁했다. 부탁한 약 외에 진통제도 받았다. 감기는 나았다.

내가 그들을 다시 본 것은 월요일이 아니라 일요일 오후였다. 문소리가 쾅 나더니 계단을 뛰어 내려오는 소리가 들렸다. 경찰이 또 개입했고, 슈벤이 경찰과 짜고 자기들을 속이려 했다는 것이다. 호텔에서 슈벤이 전화를 기다려야 했는데, 경찰이 전화를 받았다는 것이다. 그리고 신원 확인 질문에도 대답하지 못했다고 한다. "자기 어머니 집의 전 하녀 이름을 대라고 하니까 잉그리드라고 했다"라는 것이다. 그것은 슈벤 어머니의 이름이었다. 그래서 슈벤이 '하녀'라는 말을 못 알아들은 거 아니냐고 했더니, "아니, 우리가 독일어로 얘기했으니까 잘못 들었을 리가 없어"라고 했다.

그리고 슈벤이 호텔에서 돈 전달 장소까지 이동하는데 너무 시간이 오래 걸려서 경찰이 곧 바로 쫙 진을 치고 있었다는 것이다. 납치범은 말했다. "나는 그 장소를 잘 알아. 평소에 그 시간에 그곳에 그렇게 차들이 많지가 않아. 나는 그들을 보았고, 그들도 나를 봤어. 나는 떠날 수밖에 없었어." "나는 그들의 얼굴을 알아. 그들은 얼굴이 모두 똑같이 생겼어." 경찰이 자기들을 우습게 봤다는 것이다. "그들이 우리를 잡으면 우리는 총을 쏠 거야. 하지만 경찰을 죽이는 것은 현명한 처사가 아니지. 만약에 그렇게 하면, 온 유럽의 경찰이 쫓아올 거고 그러면 나는 15년간 이런 지하실 같은 감옥에서 살아야 해." "그리고 그들이 우리를 죽이면, 절대로 당신을 여기서 찾을 수 없어."

혹시 잘못 본 거 아니냐는 나의 질문에 그는 대답했다. "아니, 절대. 경찰이 확실해. 100퍼센트 정확해. 100퍼센트." 영국인은 또 나에게 이렇게 물었다. 혹시 내 아내가 돈을 지불하려는 의사가 없는 게 아닌지. "변호사는 결국 당신 아내가 시키는 대로 하는 게 아닌가?" 거기다 대고 내가 무슨 말을 하겠는가? 나는 이 상황을 객관화시켜서 설명했다. 자산 관리인과 변호사의 이해관계. 그리고 아내의 경제관념을.

"내 아내는 돈이 전부가 아니라고 생각하는 사람이야. 갑부가 되는 것이 우리의 인생관은 아니지. 돈은 어려운 일을 해결할 때 쓰는 도구라고 우리는 생각해." 영국인의 반론은 이랬다. 인간은 점점 돈에 물들어 간다. "얼마나 고약한 세상이냐. 알지 않느냐. 2,000만 마르크도 안 되는 돈 때문에 살인을 하곤 하지 않냐?" "맞는 말이긴 하다!"

우리 둘이 나눈 이 대화는 지하실에서 나눈 가장 흥미로운 대목이었다. 대화는 계속 이어졌다. 영국인은 화가 나 있었다. 돈 전달이 실패한 것 때문이 아니라 슈벤 변호사가 자기들을 배신한 것 때문이었다. 클라우젠 교수와 아른트 목사에게 쓴 편지에도 그것을 읽을 수 있었다. 영국인은 자신의 범죄를 정말로 하나의 비즈니스로 여기고 있다. 그리고 그는 나름대로의 프레임을 가지고 있어서 그 틀에 따라 옳고 그름을 판단한다. 그의 이러한 개념은 조금은 희한한 논리인데 그래도 나는 그의 프레임이 어쩌면 나에게 도움이 될 수도 있다고 생각했다. 다음 돈 전달이 또다시 실패를 거듭할 경우를 대비해서다. 하지만 영국인은 신경이 날카로웠다. "우리는 아이디어가 고갈된 상태다!" 불안한 자백이다.

그들은 일이 이렇게 오래 걸릴 줄 몰랐다. 두세 번이면 일이 끝날 것으로 계산했던 것이다. 슈벤 하고는 다시는 일하고 싶지 않다고 했다. "신뢰가 가지 않습니다. 외부 사람이 필요할 것 같아요. 중립적 인사가 필요합니다"고 말했다. 나는 이번 납치가 여러 다른 납치 사건의 짜깁기처럼 느껴졌다. 슐라이어 사건의 사진이나 이탈리아 사건의 손가락 절단 위협이라든가, 알버츠 목사 이야기라든가. 그들은 나에게 제3의 인물을 구상해놓으라고 얘기했다.

돈 전달이 또다시 실패해서 충격에서 벗어나지 못하고 있을 때인 일요일 밤과 그 다음날인 월요일이 나중에 생각해보니, 납치 기간 중에서 가장 좋은 날이었다는 생각이 든다. 이 이틀 동안 많은 생각을 할 수 있는 여유가 생겼다. 두 개의 새로운 계획안을 서면으로 작성해놓고 만약 내가 사망할 경우를 위해서 유서도 다시 작성해놓았다. 하지만 이름이 문제다.

'중립적 인사'라는 게 구체적으로 어떤 것인지 알 수가 없었다. 그들이 내세웠던 것은 '교회 쪽 사람'이라는 힌트밖에 없었다. 이는 '알버츠' 모델을 참고로 한 것 같았다. 나는 교회에 속해 있지 않고 목사라고는 두 달 전 어머니 장례식을 주도한 사람밖에 알지 못한다. 그러면 정치인 쪽으로 가볼까. 전직 정치인이나 저명한 인사. 제일 먼저 떠오른 사람은 클라우스 폰 도나니였다.

나는 영국인에게 물었다. "함부르크 주지사를 지낸 클라우스 폰 도나니는 어떻게 생각합니까? 나는 그를 잘 알고, 그도 나를 알고 있어요. 지금 동독 쪽에서 일하고 있다는데 주소는 모르지만 알아낼 수 있을 것입니다." 영국인은 좋은 생각이라고 동의했다. "정치인들은 성공을 원하지." 얘기는 거기까지였다.

그날 밤 이 문제를 곰곰이 생각해보니 이는 자살 행위나 다름없었다. 내가 아는 도나니는 나의 제안을 거절하지는 않을 것이다. 하지만 그는 경찰의 제안을 거절하지도 않을 것이다. 또한 그는 경찰을 배제하고 임의대로 행동을 할 사람도 아니다. 그래서 도나니 이름은 결국 빠지게 된다.

그러면 어떤 범주에 드는 인물이어야 할까? 납치범들을 설득할 수 있는 인물, 모두에게 믿음이 가는 인물이어야 한다. 공적인 유명인사여야 한다. 그리고 나에게 속하지 않는 사람이며 나를 구하려고 하는 의지가 있는 사람이어야 한다. 이 모든 조건을 충족할 사람은 몇 되지 않는다.

종이를 집어서 생각나는 이름들을 적어봤다. 적었다 지우다를 반복하고 남은 이름은 라스 클라우젠이었다. 이 이름은 지우지 않았다. 클라우젠은 킬 대학 사회학 교수이고 독일 사회학 협회 회장이다. 이 정도면 납치범들이 인정할 만한 공인이다. 그 사람이라면 경찰의 권위에

도전할 만한 인물이기도 하다.

바로 그 부분이 중요하다. 왜냐하면 그는 어떻게 해서든지 돈을 손에 쥐어야 하니까. 이때 이런 고전적인 질문이 떠올랐다. 바둑을 아주 잘 두는 사람이 흰 돌을 쥐었을 때 다른 쪽 진영을 전부 복기할 수 있을까? 나는 아마 세 번째 흰 돌까지밖에 모를 것 같다. 영국인은 납치당일 우리 집 현관문 앞의 편지 위에, 작동되는 수류탄을 올려놓았다고 말했다. 내 아내는 나의 부재를 언제쯤 눈치 챘을까? 편지와 수류탄은 어디에 놓여 있었을까? 아내가 수류탄에 걸려 넘어졌더라면 어쩔 뻔 했을까? 그러면 죽었을까?

한번 생각해보라. 내가 집에 도착했는데 '당신의 부인이 죽었소'라고 한다면 어떻겠는가? 이런 생각은 이제 그만하자. 불길한 생각은 떨쳐버리는 게 낫다. 하지만 그렇더라도 나는 아들을 위해서 살아남아야 했겠지. 이런 생각이 오간 결과, 나는 또다시 작전이 실패할 경우를 대비해서 두 개의 계획서를 추가로 작성해 놨다.

누군가 외부인이 득실거리는 집안으로 들어와 나의 위임장을 보이고는 2,000만 마르크를 받아 가지고 나와야 한다. 클라우젠 교수도 이와 비슷한 생각을 했다고 한다. 이런 통하는 부분이 있어서 내가 클라우젠을 택한 것이다. (하지만 나중에 클라우젠의 역할은 아주 다른 것이었다. 그는 법률 고문 역할은 필요 없었다. 지하실에서의 결정이 매우 옳았다는 것을 나중에 듣게 되었다. 아내는 클라우젠에게 지난번 돈 전달할 때 돈을 마련해준 ESPO 사람들의 충고를 들으라고 얘기했다. 클라우젠은 그러겠다고 하면서 그래도 결정하는 일은 자기가 할 것이라고 했다) 그런데 클라우젠이 운전면허가 있던가? 모르겠다.

영국인은 교회 쪽 사람에 아직도 미련이 있는 모양이었다. (그는 목사는 속이지 않을 거라는 믿음이 있었다) 이 문제는 아까 얘기한 대로다. 그쪽 계통은 내가 아는 바가 없다. 가톨릭 주교나 신부? 모두 허황된 생각이고 시간만 잡아먹는다. 비종교적 행사에서 목사 한 분을 만난 적이 있는데 그가 아른트 목사이다. 1987년 함부르크 항구에서 분쟁이 있었을 때 그가 나와 같이 중재 그룹에 속해 있었다. 나는 그의 이름을 적었다. 그는 정부와 경찰에 대해 비판적 태도를 지니고 있는데 이는 단점이면서도 동시에 장점이기도 하다.

리스트에는 몇몇 다른 이름들이 적혀 있었으나 그들의 이름은 여기서 거론하지 않겠다. 영국인은 클라우젠과 아른트를 돈 전달자로 택하기로 결정했다. 그는 두 사람과 통화한 후, 저녁에 나에게 얘기했다. 클라우젠 교수가 깜짝 놀라며 믿기 힘든 일이라고 했단다. 그러면서 당연히 자기가 나설 거니까 나의 위임장 편지를 보내달라고 했단다. (나중에 들은 바로, 클라우젠은 이미 그런 정보를 보고받은 후였는데 감쪽같이 연기한 것이었다)

아른트도 즉시 승낙했다. 그는 전화가 도청되고 있을지도 모른다고 염려했다. 영국인은 만족했다. 드디어 경찰을 불신하는 인물이 나타났다는 것이다. 그리고 몸값은 이미 언급했듯이 3,000만 마르크로 올라갔다. 룩셈부르크 전에 그렇게 하겠다고 선포했으니 규칙을 따르겠다는 것이다.

그들은 내가 집에서 돈을 찍어낸다고 생각하는가? 2,000만 마르크를 장만하는 것은 어렵지 않다. 납치사건의 경우 경찰은 몸값을 빨리 조달하여 가족에게 대여해준다. 하지만 1,000만 마르크를 더? 이는 시간이 좀 더 걸린다. 나는 영국인에게 그렇게 말했다. 그는 알았다면

지하실에서

서 다음 돈 전달 시나리오를 짜려면 어차피 시간이 걸린 다고 했다. 나는 그날 일기에 썼다. '두 주가 더 걸릴 것 같다'라고. (모든 게 다 잘될 경우!) 그 말은 틀리지 않았다. 영국인은 이렇게 말했다. "납치 일주일 후에 풀려날 수 있었는데 아직 여기 계시고, 돈은 1,000만 마르크가 더 불어났군요. 당신의 멍청한 변호사 덕분에."

라스 클라우젠에게 부치는 편지 :

네, 맞습니다. 저는 3주 전, 집 앞에서 납치되어 독일의 어느 지하실에서 쇠사슬에 묶여 있습니다. 몸값은 애초에 2,000만 마르크였는데 돈 전달이 세 차례 실패로 돌아간 후, 3,000만 마르크로 올라갔습니다. 그간 여러 가지 방법으로 접촉이 시도 되었습니다. 팩스, 전화, 편지, 신문 광고 등으로. 약속이 되곤 했 는데 전부 실패했습니다. 물론 저는 그런 소식을 납치범으로부터 듣습니다. 하지만 그들의 말에도 일리가 있습니다. 첫 번째 시도에는 아내로부터 전권을 위임받은 슈벤이 약속 장 소에 나타나지 않아서 실패로 돌아갔고, 두 번째는 약속 장소 에 경찰이 깔려 있는 것을 납치범들이 눈치 채고 도망가 버렸습니다. 그리고 전화 통화에서도 문제가 생겼습니다. 슈벤 대신 경찰이 수화기를 들었는데 신원 확인 질문에서 똑같은 말을 여러 번 크게 반복하고 나서야 대답할 수 있었습니다. 그 외에도 전화 통화가 몇 번 더 있었으나 불신은 점점 깊어진 가운데, 세 번째 시도가 룩셈부르크를 거쳐 실시되었으나 다시 경찰이 있었고 그들은 돌아가 버렸습니다. 그때 정말로 경찰이 있었는지를 내가 판단할 수는 없으나 그들의 추측이 맞는 것 같았습니다.

저는 납치되는 순간부터 그들이 프로라는 느낌을 받았습니다. 그들이 정확히 몇 명인지 저도 잘 모르겠습니다. 그들은 일이 오래 지연되는 것에 크게 동요하지는 않는 것 같으나 시간이 갈수록 인내심은 한계에 달하고 신경은 예민해지기 마련입니다. 그 다음은 바로 제가 문제입니다. 시간이 갈수록 저의 고통은 배가 됩니다. 집에는 저를 살아서 볼 수 있을지 걱정하는 아내와 아들이 있고, 그 생각은 제가 견디기 힘들어서 더 이상 하고 싶지 않습니다. 여기서 멈추겠습니다. 납치범들은 슈벤이 경찰이 시키는 대로 한다고 그를 더 이상 신뢰할 수 없다고 합니다. 카트린도 역시 스스로 결정할 동력을 얻지 못하고 있습니다.

이런 상태로 네 번째 시도를 예전과 같은 매뉴얼대로 실행하는 것은 의미가 없다고 봅니다. 그래서 저는 당신과 아른트 목사를 대리인으로 정하여 납치범들과 협상하고 돈이 전달되게끔 하고자 합니다. 물론 당신에게는 이 일이 무리일 수도 있겠습니다만, 우선 (a) 저에게 속하지 않고, (b) 외부인사이고, (c) 저와 친한 사람이라는 조건을 충족하는 사람이 별로 없습니다. 교수님께서 전화로 승낙의 말씀을 주신 것을 고맙게 생각하고 있습니다. 3,000만 마르크를 경찰 없이 넘겨주시면 고맙겠습니다. 되도록 빠른 시일 안에요. 2,000만은 이미 준비되어 있고 나머지 1,000만은 카트린이 곧 조달할 것입니다.

사랑하는 클라우젠 씨

이렇게 부탁을 드리는 입장이 되어서 거듭 죄송하게 생각합니다. 저를 위해 일을 착수해주시겠다면 여기에 당신과 아른트 목사에게 전권을 위임하고자 합니다. 물론 제가 과연 아무런 제재 없이 자유롭게 이 편지를 쓰는지 의심스러울 수 있습니다. 지금 저는 쇠사슬로 묶여 있고 불안한 상태에 있습니다. 저는 돈 전달 과정에서 경찰이 관여하지 않는 것이 가장 안전한 방법이라고 굳게 믿고 있습니다. 당신과 저만 알고 있는 신원 확인을 위한 암호는 다음과 같습니다. 포바하 씨가 가장 좋아하는 작가의 이름은 하크랜더입니다.

클라우젠 씨, 우리가 다시 만나기를 바랍니다. 그래야 제가

당신에게 고맙다고 말할 기회가 있지요(그리고 지금 그 말을 미리

전합니다).

당신의,

절망에 휩싸여 있는

얀 필립 렘츠마로부터

그 밑에 납치범들이 찾아낸 아른트 목사의 주소가 적
혀 있고 '절망에'라는 말에는 별표를 달았다. 추신에는
'이번에는 꼭 성공해야 함! 나는 더 이상 기다릴 수 없
다!'라고 적었다.

크리스티안 아른트 씨에게 보내는 편지 :

1996년 4월 15일

사랑하는 아른트 씨

제가 3주 전에 납치되었다는 소식을 오늘 처음으로 들으셨을 것입니다. 저는 그때부터 독일의 어느 곳인가에 묶여 있습니다. 그 사이에 저의 아내와 슈벤 변호사에게 이쪽에서 연락이 여러 차례 오고 갔습니다. 그리고 세 차례의 돈 전달 시도가 있었으나 모두 실패했습니다. 저는 목사님과 클라우젠 교수님께 이 일을 부탁드리면서 세부사항을 적어드렸습니다. 두 분이 서로 상의하게 될 것입니다.

납치범 쪽에서는 슈벤 변호사를 더 이상 신뢰하지 않는다고 표명했습니다. 제 아내가 독립적으로 일을 진행할 수 있을지, 경찰과 같이 정보를 주고받는지, 아니면 경찰 혼자서 수사를 하는지 저는 모르겠습니다. 아마도 모두들 납치범들을 과소평가하는 것 같은데, 그들이 생각보다 전문적이라는 것을 알게 될 것입니다. 그들이 몇 명인지는 모르겠습니다. 세 차례의 작전이 수포로 돌아간 지금, 그들은 액수를 2천만에서 3천만으로 올렸습니다. 세 번째에서 네 번째로 넘어가는 시점에 똑같은 사람들과 똑같은 방법을 쓴다면, 이번에도 똑같은 결과만 나올 뿐입니다. 저는 당신과 클라우젠 교수에게 그들과 협상을 하고 돈을 전달하는 일을 부탁드리고자 합니다. 물론 무리한 부탁이라는 것을 알고 있습니다. 하지만 외부 인사이면서, 나를 잘 알고, 그러면서도 나에게 속하지 않는 인물은 별로 없습니다. 전화로 일을 맡아주겠다는 말씀을 전해주셔서 감사합니다. 수락의 의향이 아직 있다면 당신과 클라우젠 교수에게 저를 대신해서 돈을 전달하는 전권을 위임하겠습니다.

제 개인적인 의견을 드리자면 일이 한 번씩 어긋날 때마다 납치범들의 조치 사항은 더욱 늘어나고 시간은 점점 더 들게 됩니다. 집의 사정과 가족이 살아 있는지도 모르고 지내는 3주란 엄청나게 긴 시간입니다. 저의 인내력도 점점 고갈되고 몸도 많이 쇠진했습니다. (그 얘기는 그만 합시다)

저는 지금 쇠사슬에 묶여 있고 두려움에 떨고 있습니다. 그래서 돈 전달은 경찰의 개입 없이 이루어지는 것이 가장 안전하다고 생각합니다. 당신과 저만 알게 되는 신원 확인 암호는 항구분쟁조정위원회의 회원 중 이름이 한스 요하임이란 사람이 있었지요. 그 이름으로 합시다.

사랑하는 아른트 목사님, 우리가 다시 만나기를 바랍니다, 그래야 제가 고맙다는 말을 전할 수 있지요(그리고 그 감사의 말은 지금 드립니다).

당신의
얀 필립 렘츠마

지하실에서

추신으로 클라우젠 교수의 주소와 전화번호를 적었다.(아내에게 쓴 아래 편지는 채택되지 않는다. 영국인이 보기에 편지가 너무 냉정하게 느껴졌기 때문이다)

1996년 4월 15일

사랑하는 카트린

예정대로라면 나는 오늘밤 당신 곁에 있을 텐데... 어젯밤에 소식을 들었어요... 또 실패했다고, 경찰이 사방에 깔려 있었다고. 내가 무슨 말을 해야 할지 모르겠어. 하지만 제발 믿어줘요. 돈 전달은 경찰 없이 진행하는 게 가장 안전하다고! 아니면 당신도 모르게 경찰이 몰래 따라온 건가? 물론 납치범들이 신경이 예민해져서 헛것을 봤을 수도 있어. 하지만 내가 보기엔 그렇지 않은 것 같아.

그 사람들은 초보가 아니야. 나도 당신의 처지가 돼서 생각을 해봤어. 그런데 그렇게 되지가 않아. 그냥 막 소리 지르고 싶어지고 어찌할 바를 모르게 되더라고. 게다가 요한 생각에 이르면! 당신은 이 일을 일종의 사업이라고 생각해야 해. 그러면 일이 돼요. 당신한테 편지를 쓰는 게 힘들어, 쉽지 않아. 불길한 생각을 떨쳐버리려고 자꾸 딴 생각을 하려고 하는데, 그게 언제까지 가능할지?

이제 돈 얘기로 돌아가자. 몸값이 2,000만에서 3,000만으로 올라갔어. 나머지 1,000만을 조달해주오. 이 사람들은 게르하르트를 못 믿겠는데. 지난 번 같은 방식을 똑같이 쓰는 것은 의미가 없을 것 같아. 그래서 내가 두 분의 외부인에게 부탁해서 이 일을 위임했어. 내 대신 협상을 하고 돈을 전달하도록 지시했어. 그 분은 라스 클라우젠 교수와 크리스티안 아른트 목사야. 두 분이 모두 전화로 수락해주셨어.

이게 가장 좋은 방법이야. 많은 사람들이 움직이고 있지만 실제로 여태까지 이루어진 것은 없잖아. 일은 묶여 있고, 여기서 벗어날 길은 수 주 동안 보이지 않고, 끔찍하다! 아, 카트린 내가 이렇게 한숨지으면 당신이 더 힘들어지지. 요한을 내 대신 꼭 안아줘요! 이번에는 꼭 성공하도록! 나는 더 이상 기다리기 힘들어!

당신과 우리 아들을 사랑해!

당신의 절망스러운
얀 필립
(요한이 너무 침울해 할까봐, 약간 쓸게)

요한에게

사랑하는 요한,

너를 금방 다시 볼 수 있을 줄 알았는데(1960년 4월 15일에 일어
난 사건을 보고 미신을 믿었는데 그렇게 되지 않았으니, 미신은 믿을 게
못 되나봐!) 우리는 그저 더 기다리는 수밖에 없어.
내가 너를 얼마나 사랑하는지 알고 있니? 아마 너는 모를 거
다. 그럼 다시 만날 때까지.

너의 아버지 F가

편지를 써서 전달한 다음 〈모르겐 포스트〉지를 보니
나의 생존 증명을 보내달라는 광고가 보인다. 그래서 방
금 쓴 편지에 추가로 쓰겠다고 했으나 거절당한다. 어차
피 광고는 경찰 측에서 정기적으로 보내는 것이고 이제
는 집과도 직접 연락을 하지 않고 아내에게 부치는 편지
도 클라우젠 교수의 편지에 동봉해서 부친다고 했다. 영
국인은 화가 나서 소리쳤다. "우리는 더 이상 당신의 가
족과 연락을 하지 않습니다! 원칙적으로!"

그때가 4월 9일 화요일이었다. 그들은 금요일에 다시 클라우젠과 아른트와 접촉을 하겠다고 했다. 영국인은 다시 기분이 좋아졌다. 아른트가 마음에 드는 눈치였다. 반응이 빠르고, 분명하고, 치밀한 사람이라는 것이다. "그 사람은 당신 변호사처럼 얘기를 돌려하거나 이상한 질문을 하거나 하지 않습니다." 그는 나에게 "미하엘 헤르만을 아나요, 그가 믿을 만한 사람인가요?"라고 물었다.

그가 클라우젠 대신에 제2의 돈 전달자가 되었단다. "클라우젠이 운전면허가 없거나 너무 나이가 많아서 운전을 못 하는가 봅니다." "그렇소, 미하엘 헤르만은 믿을 수 있는 사람이지요. 그는 돈을 갖고 튈 사람은 아닙니다." 이상한 것은 아른트의 말을 들어보면 그는 헤르만이 이 집과 접촉을 했다는 말만 있었지, 그가 돈 전달자가 된다는 얘기는 없었다는 것이다. 여하튼 경찰은 그렇게 알고 있더라는 말이었다. 이런 얘기를 듣자면 납치범들이 어떤 경위로든지 경찰에서 나온 정보를 접하고 있다는 증거가 된다.

또 다른 정보가 뒤따른다. "당신 부인이 경찰을 집에

지하실에서

서 쫓아낸 것 같소"라고 영국인이 말하며 "집에서 쫓아냈다"는 말이 돌아다닌다고 했다. 납치범들이 이러한 정보를 입수하는 경위는 다양할 것이다. 경찰 쪽에서 직접 나온 것일 수도 있고, 미디어 쪽에서 흘러나온 정보일수도 있다. 납치 후 여태껏 집을 포위하며 진을 치고 있는 것은 매스컴이 아닌가. 헤르만이 들락거린 것을 목격한 것도 그들이었고 경찰이 떠나는 것을 본 것도 그들이다.

"부인이 경찰을 쫓아냈다"라는 표현은 센세이션을 일으키기 위한 표현이었을 것이다. 다만 이 사건은 매스컴에 엠바고가 걸려 있으니까 특종으로 나갈 수는 없고, '카더라'통신이 함부르크 시내를 돌아다녔다. 이에 납치범들은 정찰조를 짜서 경찰청 출입기자들이 잘 다니는 식당이나 술집에 포진해 있다가 정보를 수집해오는 모양이었다. 여하튼 민간 보안 업체 ESPO가 지휘를 주도하게 되자 경찰이 손을 뗐다는 얘기가 흘러나오고 납치범들의 태도도 변하기 시작했다. 차량의 추적 장치에 대해 신경을 곤두세우거나 돈 전달 가방에 대해 까다로운 주문을 해대던 태도가 누그러졌다.

하루는 몸값 인상에 관한 얘기가 있었다. 그들은 내

재산이 얼마나 되냐고 물었다. "아, 3억 마르크를 유산으로 상속 받았소"라고 말했더니, "그럼 지금쯤 세 배로 불어났겠군"이라고 그들이 말했다. 그들은 나를 과대평가하고 있었다. 나보고 "세금은 내나요"라고 물었다. "그렇소." "부동산에 너무 많이 투자한 것 아닌가?" "아니오." "그렇다면 두 배는 됐겠군." "내가 매년 연구소와 다른 연구 단체에 기부하고 있는 것을 참고해야 하오." "당신의 재정 관리인이 재산을 두 배로 불려놓지 않았다면 그들이 빼돌린 거야. 나 같으면 세 배로 불려놨을 거야. 80년대가 골드러시였는데." "그렇다면 나한테 정보를 좀 주겠소?"

납치범들의 눈에 나는 형편없는 얼간이로 보였을 것이다. 마누라도 남편을 보고 싶어 하지 않고, 변호사도 일을 제대로 못하고, 재정 관리인도 형편없고 등등. 글쎄 약간 기분이 나쁘긴 한데 지금 그게 중요한 건 아니니까. 재미있는 것은 이런 대화를 함으로써 영국인의 실체가 드러나는 일이었다.

영국인은 나중에 매스컴에서 '슈퍼 브레인'이라고 불렸는데, 실제로는 여러 범죄인을 짜깁기한 프로페셔널과 과대망상의 본보기로써 특정 드라마 속 인물들을 섞어놓은 일종의 짜깁기가 아닌가 하는 생각이 들었다. 그는 '큰 것'을 기획하고, 준비를 철저히 하고, 플랜을 짜고 했으나 대부분의 바보들이 그렇듯이 계획에 차질이 생겼을 때 이에 대처하는 방법을 몰랐다. 그러한 아마추어 같은 행동 때문에 룩셈부르크 사건 후 2주일이 지나서야 다음 계획이 나오게 된 것이다. 이러한 일차원적인 실행 능력은 주로 영국인에 의해 행해졌고 다른 멤버와의 협의는 잘 이루어지지 못했다.

그들의 작업은 매우 엉성했다. 발신인 없이 팩스로 교신하는 아이디어는 적절치 않은 것으로 나타났다. 그리고 음성 변조기를 장착했으나 이를 작동하는 방법을 몰랐고, 돈 전달자에게 내린 지시 사항은 불분명해서 오해가 생기는 사태가 발생했다. 진입로와 교차로를 헷갈렸고 지도를 정확히 읽을 줄 몰랐다.

내가 영국인에게 몸값 인상에 대해 물었을 때 그는 돈이 문제가 아니라 원칙이 문제라고 답했다. "잘못했으면 벌을 받아야 한다"라고 그는 말했다. 매우 이상한 논리이다. 아마도 1,000만 마르크를 운반할 수 없을지도 모른다. 손가락 하나 값으로는 너무 큰돈이다. 그런데 원래의 2,000만을 운반하는 것도 큰 문제인데 거기다가 1,000만을 어떻게 더 운반할 것인가.

이 추가 금액으로 그들은 무엇을 할 것인가. 도박하고, 유흥비로 날리고, 또 다른 범죄를 계획하는 경비로 쓰고, 나머지는 돈세탁하고 등등. 만약에 추가 금액을 운반할 수 없게 되면 어떻게 할 것이냐고 영국인에게 물었다. 나는 그럴 경우 그 돈을 돌려받고 싶었다. 아무튼 그 돈을 숲에 버리지는 말았으면 한다. '우리가 처치할 수 없는 돈은 모두 휴지다'라는 납치범들의 사고방식은 나중에 내가 풀려나고 나서 큰 문제가 될 수 있다. '렘츠마 가족은 돈을 1,000만 마르크나 과다 지불했다! 납치범들이 돈을 숲에 버리다!'라는 기사가 크게 뜰 것이고 돈을 처치하지 못해서 숲에 버릴 거면 차라리 우리에게 달라는 편지들이 날아들 것이다.

갖다 바치는 돈의 액수에 대해서도 말이 많을 것이다. 기업이 새로운 브랜드를 창업하는 데 드는 비용이 2,000만 마르크 정도 되고, 거기다 동그라미 하나를 더 붙이면 교각 하나를 건설하는 비용이 된다는 계산도 나온다.

지하실에서

그리고 또 하나 분명한 사실은 이번 납치 건으로 인해 내 목숨이 더 위태로워질 수 있다는 것이다(나중에 나는 실제로 그런 위험을 경고해주는 편지를 받게 된다). 그에 대한 영국인의 멘트: "두 번 납치된 사람은 한 번도 없었다"라며 위로 아닌 위로를 했다. 그는 여러 가지 납치 사건을 많이 연구한 것 같았고, 스스로를 전문가로 여기고 조언을 한 것이다.

나는 후반부에 영국인과의 대화를 유도하고자 했다. 하지만 조심! 너무 많은 것을 알고 싶지는 않았다. 일단 이런 납치 사건을 벌이는 데 들어가는 비용이 얼마나 되는지 알고 싶었다. 운송비용이며, 전화를 한 통하기 위해서 수백 킬로미터를 달려가는 비용, 돈 전달 한 번 할 때마다 승용차를 훔치는 일이며, 모두 다해서 20만 마르크가 들었다고 한다.

'내가 잘못 들은 거 아냐?' 20만 마르크(약 1억 1,000만 원)면 엄청난 비용이다. 사건 계획 초기 단계에 참여한 인원들도 지불했겠지. 예를 들면 내가 납치된 첫 날 나를 치고 끌고 갔던 남자는 그 일이 끝나고는 보이지 않는 걸로 보아서 돈을 받고 이미 '멀리' 떠났겠지. 나중에 들은 바로는 지하실이 딸린 집 임대료도 2만 마르크(약 1,100만 원)였다고 한다.

이런 것을 기안하고 실행하는 능력을 다른 직업에서 보여줄 수는 없었을까? "나는 당신처럼 유산으로 3억 마르크를 물려받지 못했소. 한 달에 3~4천 마르크를 받고 살아가는 게 얼마나 어려운지 당신 같은 사람은 모를 거요." "나는 좀 더 높은 연봉을 받는 직업을 말한 거요." "50대쯤 되면 그렇게 될 수도 있지만, 그때는 인생이 벌써 끝난 거지. 나는 이제 앞으로 몇 년간 그냥 놀고 먹을 수 있어." 평생이 아니라 고작 몇 년을? 3,000만 마르크면 평생 동안 잘 먹고 살 수 있을 텐데(나처럼 쓸데없이 고액의 기부금을 여기저기 날리지 않는다면 말이다). "당신 그 돈 잘 쓸 거요?" "물론이지!" "혼자 쓰기에는 큰돈인데. 혼자가 아니라 어떤 큰 그룹에 속해 있는지도 모르지." 여기까지는 조금 위험한 질문이었다. 영국인은 거기에는 대답을 하지 않았다.

또 한 번은 이런 질문과 대답도 오갔다. "왜 하필이면 나를 납치했나요? 물론 내가 납치하기가 쉬운 인물이긴 하지만 그러기 전에 어떻게 나를 알게 되었소?" "우리에

지하실에서

게 리스트가 있어요. 그리고 당신은 납치가 쉬울 거라 생각했지요. 당신은 자신의 라이프스타일을 유지하기 위해서 돈이 따로 필요하지도 않고, 그리고 유산을 물려받았기에 돈을 내주는 것도 쉬울 것으로 판단했소." "그런데 내가 어떻게 그 리스트에 올랐는지?" "작년에 인터뷰가 실린 것을 보았소." (작년에 인터뷰 기사가 많지는 않았는데, 아마 전국 신문인 〈슈피겔〉지였던 것 같다) "하지만 일이 쉽지는 않았지. 당신이 어디 있는지 찾는 데만도 6주나 걸렸지요. 그리고 나서 당신이 또 2주간 휴가를 떠났었지." 그렇게 수 주 동안 나를 염탐했는데, 우리가 2주 동안 스키 여행을 가버리는 바람에 스케줄에 차질이 생긴 것이다.

"당신들이 이렇게 함으로써 다른 사람이 지불해야 하는 것이 있다는 생각을 해본 적이 있소? 돈 얘기가 아니고." "도덕적으로 말이오?" "그렇지." "그런 생각은 이미 그 전에 끝내지요. 일을 착수하고 나서 갑자기 '아, 내가 뭘 하는 거지'라고 말하지는 않지. 사람을 죽이거나 나쁜 일만 하지 않으면 돼." 그런 거군. 살인과 신체 절단만 아니라면 모든 것이 다 '그저 비즈니스'일 뿐이군.

이런 아이 같은 면모를 지닌 영국인은 모든 것을 한두 마디로 규정짓곤 했다. 내가 첫 날 얻어맞은 것도 내 잘못이란다. 왜 저항을 했느냐는 얘기다. ("당신, 술 마신 게 분명해. 그렇지 않고서야 어떻게 복면한 범인에 대항할 수 있겠어") 몸값이 오른 것도 내 잘못이란다. ("당신의 어리석은 변호사 때문에") 지하실 기간이 길어진 것도 다 내 탓인 것이다. ("너무 오래 걸려. 5일 정도 아니면 최대한 1주일이면 끝날 일이었는데, 바보 같은 당신 가족이 경찰을 믿는 바람에 일이 이렇게 커졌어") ("하루 종일 기다리면서 뭐 하시나? 나 같으면 하루 종일 자겠지만")

그는 심지어 추가 금액인 1,000만 마르크를 일종의 보너스로 여겼다. 하루는 내가 "당신은 나를 수 주 동안 가두어놓고, 아내와 13살짜리 아들이 나를 살아서 다시 볼 수 있을까 하는 불안에 떨게 만든다"라고 비난했더니, "리하르트 외트커 사건(1976년 2,100만 마르크를 주고서 풀려난 독일 식품 재벌 납치 사건_편집자 주)을 참고해 봐요. 그들은 그를 48시간 동안 특수 상자에 넣고 전기 고문도 했어"라고 반박했다. 물론 나는 그것을 잊지 않았다. 그들이 지하실에서 끔찍한 일을 벌이지 않은 것은 사실이다.

지하실에서

영국인은 일종의 방임이라고 여겨질 만큼 33일 동안 나를 내버려두었다. 또 한 번은 몸값이 인상된 것을 농담 삼아 언급했다. "3,000만 마르크라. 당신들은 2,100만 마르크 기록을 깨려고 하는 거요?" 지난번에도 한 번 얘기한 적이 있었지만 그는 다시 한 번 말했다. "똑같은 사람이 두 번 납치되는 일은 없으니까 안심하시오. 하지만 우리를 모방하는 납치 사건이 일어날 것은 분명하오." 실제로 6개월 후 납치사건이 네 건이나 발생하게 되는데, 그중의 두 건은 인질 살해 사건으로 이는 영국인이 이미 예고했던 바였다.

나는 다음 돈 전달에 대해서 큰 기대를 하지 않게 되었다. 실패의 연속 고리가 끊어지지 않을 것으로 보였다. 잘 안 될 거라고 나는 생각했다. '나는 이 지하실을 벗어날 수 없겠구나.' 어쩌면 클라우젠 교수와 아른트 목사는 돈을 손에 넣지도 못할지 모른다. 밖의 함부르크에서 수류탄이 터지는 사고가 나고 아내가 죽을지도 모른다.

그런 생각이 떠오르면 나라도 끝까지 살아남아야 한다는 결말에 이르게 된다. 이번 돈 전달이 실패하면 이제는 더 이상 납치범들이 하는 대로 하지 말고 내가 나서야 한다. 하지만 구체적으로 무엇을 해야 할지는 생각나는 게 없었다. 이번에도 실패하면 돈을 전달할 수 있는 사람은 결국 나만 남는다. 그런 사실을 그들에게 주지시켜야 한다.

하지만 납치범들에게 그렇게 설득시키는 것은 미친 발상이다. 인질을 풀어주고 자발적으로 돈을 가져오게 한다는 게 말이 되는가? 만약 돈을 가져오지 않아도 그를 죽이지 않을 것인가? 아니면 돈을 가져오고 난 다음, 약속을 깨고 나를 죽이면? 다시 납치 범죄를 더 할 것 아니면 굳이 약속을 지켜서 자신들의 신빙성을 보여줄 필요가 없지 않겠는가.

나는 납치범들에게 자비를 베풀어달라는 편지를 쓰기 시작했다. 나는 지금 건강 상태가 나빠서 걱정이 태산이라며, 나를 더 이상 오래 지하실에 놔두어서 죽게 하지 말아달라고 애원했다. 내가 죽으면 그들에게 무슨 이득이 있겠느냐며, "선처를 베풀어 나를 제발 풀어 달라"고 호소했다. 편지를 써놓은 다음 위에서 말한 미친 돈 전달 계획을 짜기 시작했다. 이 착상에 얼마나 열광했는지 나는 내 머리가 어떻게 된 것은 아닌지 의심스러

　　　　　　　　　　　　　지하실에서

울 정도였다.

그것은 정말 훌륭한 착상이었나, 아니면 그저 공상의 나래를 편 것인가? 플랜은 이랬다. 돈 전달을 하게 되는 중개인은 돈을 마련하기 위해 은행과 접촉해야 한다. 그러면 필히 경찰이 알게 된다. 그렇다면 나는 3,000만 마르크의 돈을 가진 돈 전달자의 도움이 필요하다. 그것도 즉시. 나는 〈슈피겔〉 잡지사를 언뜻 떠올렸다. 1년 전에 나의 인터뷰 기사가 나간 적이 있고, 그때 편집장과 좋은 관계를 유지했던 것이 떠올랐다.

〈슈피겔〉 잡지사 정도면 3,000만 마르크 정도는 즉시 은행에서 대출을 받을 수 있을 것이다. 그러면 경찰이 알지 못하게 잡지사가 행동을 개시할 수 있을 것이다. 그리고 〈슈피겔〉은 기꺼이 역할을 맡아줄 것이다. 나는 잡지사에게 돈을 곧 상환할 것을 약속하는 서명을 할 것이고, 내 사건의 독점 취재를 승인할 것이다. 그렇게 되면 한 생명을 구출하는 데 앞장선 저널리즘의 영웅적 행위가 널리 알려질 것이다. 또한 발행 부수를 늘리는 기회도 얻을 수 있을 것이다.

이 계획을 실행에 옮기기 위해서 나는 우선 영국인으

로부터 동정심을 얻어내야 한다고 생각했다. 그러고 나서 편지에 새로운 국면을 적어 나갔다. '내가 새로운 플랜을 세웠는데 제발 웃지 말고 진지하게 생각해주기 바란다. 물론 얼핏 듣기에 황당해 보일 수도 있기는 하다. 하지만 일단 들어보라. 나를 밖으로 내보내서 돈을 직접 가져오게 시키는 거다. 그럼 한 번 나갔는데 다시 돌아오겠는가? 약속한다. 돌아온다. 약속을 안 지키면 죽을 때까지 쫓겨 다니며 숨어 살아야 하지 않느냐.'

이것은 한마디로 미친 생각이다. 하지만 누구를 돈 전달자로 지명하는 일은 도덕적으로 문제가 있다. 슈벤은 내가 돈 전달자로 지명하지 않았다. 하지만 나는 그를 나의 회계인으로 이름을 거명한 바 있다. 그런 면에서 나는 아르트 목사와 클라우젠 교수를 돈 전달자로 지명한 것은 도덕적으로 옳지 않다는 생각이 들었다. 그들은 어느 정도 나와 관련이 있는 사람이고, 내가 생명의 위협을 받고 있는 처지에서 나의 제안을 거절할 수는 없는 처지인 것을 생각하지 않은 처사이다.

더 정확히 말하자면 나는 이 지하실에서 도덕적 테러를 감행한 셈이다. 그 두 사람은 병이 있다든지 하는 특별한 이유가 없이는 나의 부탁을 거절할 수 없었다. 나도 스스로 협박자가 되어서 이제는 도덕적 협박을 하기에 이른 것이다. 하지만 나는 이제 이를 깨달은 것을 다행으로 생각하고 편지에 담으려고 노력했다.

나는 '마지막 제안'을 작성하는 동안 도덕적 문제에 다다르게 되었다. 내가 생각해두었던 것은 일대일 맞교환이었다. 돈과 인질을 현장에서 바꿔치기 하는 방법이다. 이는 범죄 드라마에서 자주 나오는 장면이다. 달빛이 비치는 황량한 장소에서 쇠사슬에 묶인 인질과 납치범이 실루엣으로 보이고, 도주할 준비가 되어 있는 헬리콥터의 회전 날개가 보이고. 하여튼 그런 비슷한 상황이 전개될 것이다. 그런데 그쪽에서 확실한 도주를 위해 다른 인질과의 맞교환을 요구한다면, 그 제안을 받아들일 것인가? 아니다. 그건 안 된다. 나는 이 부분에서 많은 고민을 하며 나 자신과의 싸움에서 버텨내기를 바랐다.

나는 내가 작성한 제안들을 영국인에게 전하지 않았다. 다만 다음 돈 전달이 실패할 경우에도 내가 생각해놓은 다른 여러 가지 방법이 더 있노라고 영국인에게 말해두었다. 그렇게 함으로써 그들이 나를 살해하지 않도록

하고 시간을 더 끌 요량이었다.

그들은 다음 돈 전달 시나리오를 만드는 데 수요일까지 시간이 걸릴 거라고 했다. 영국인은 모든 게 계획한대로 다 잘되면 금요일 아침에 다시 오겠다고 했다. 그러면 금요일 밤에 풀어주겠다고 말했다. 숲에 내려놓을 테니까 몇 킬로미터를 걸어가다 보면 전화 부스를 찾을 수 있을 거라고 말했다. "전화 카드를 준비해주겠소."

수요일. 전화 접촉이 한 차례 더 있었다. 타자로 친 질문서가 그에게 전해졌다. 아른트 목사에게서 온 나의 생존 확인 질문이다. "우리 집 고양이 큄멜은 어디 태생인가?" 하나 - 둘 - 셋 - 넷 - 다섯 - 여섯! 아, 심장이 멎는다는 느낌을 그때 처음 알았다. 생각이 안 난다! 빌어먹을, 모르겠다. 어디서 왔느냐고 대체? 슐레스비히-홀슈타인 쪽에서 데려온 고양이인데, 말렌테인가? 말렌테 하고 관련이 있는 것 같은데. 다른 질문하면 안 되나? 내가 대답을 못하게 되면 어떻게 되는 건가? 아, 미치겠다!

그때 생각이 났다. 트리타우. 아내가 색깔이 예쁘다고 '미스 트리타우'라는 별명을 지었었다. 미스 트리타우. 트리타우! 아, 이름이 생각났으니 내가 살아 있다는 증명을 할 수가 있게 됐다. 나는 얼른 이름을 적었다. 패닉 상태를 벗어난 나는 고양이의 신변에 관한 정보들을 적었다. 만약 트리타우가 틀렸을 경우를 대비해서다(한데 영국인은 이 질문을 이해하기나 한 건가).

모든 것이 계획대로 된다면 목요일 오전에 답장을 받을 거라고 했다. 수요일 밤과 목요일 아침 사이에는 비상시에만 노크를 하라고 했다. "화재 같은 경우에만." 위에서 감시하는 자가 내려오지 않을 거라고 했다. 나는 물었다. 그 감시자가 평소처럼 아침을 가져다줄 것인지 아니면 기다렸다 점심에 소식을 받게 될지를. 아침을 먹고 싶어서 그런 게 아니라 긴 시간 동안 공포가 극에 달한 상황에서 누군가에게 말을 해야만 견딜 수 있을 것 같아서였다. "아니오, 위층에 있는 사람, 그녀는 내려오지 않을 거요." 아 여자구나. 여자가 감시하는데 내려오지는 않을 것이다. 조직에 속하는 여자인가, 아니면 인원 부족으로 여자 친구까지 조달한 건가? ("하루 밤만 봐줄게. 하지만 내려가지는 않을래!" – 그런 건가?)

여하튼 그들이 나를 지하실에 내팽개치고 도망가지는 않을 것 같다. 영국인이 위에서 보초 서는 사람을 "그녀"라든지 하며 자세히 설명하는 것으로 봐서는. 만약 그냥 도망가려면 그냥 '노크하지 마라. 우리는 안 내려오겠다'라고 했을 것이다. 위에서 보초 서는 여자가 안 내려오겠다고 한 것은 나를 위험하다고 본다는 말이고 나는 이에 갑자기 자신감이 생기는 것을 느꼈다. 이런 어리석은 우월감은 지하실에 갇혀 있는 상황에서도 숨길 수 없었는가 보다.

나는 갑자기 천장의 전등이 꺼져서 어둠 속에 앉아 있어야 하는 것이 아닌지 두려워지기 시작했다. 아래에서 위로 노크하는 것은 비상시에만 가능하다니까 미리 손을 써야 했다. 영국인은 나에게 여분의 전구와 캠핑 램프 건전지를 가져다주었다. 그는 친절하지만 위협조로 얘기했다. 돈 전달이 실패하면 위의 여자는 그냥 떠나버리고 "당신은 여기에 버려진다"라고 했다.

8시 반, 노크 소리. 항상 하던 대로, 얼굴을 숙이고. "네, 들어오세요." 문 여는 소리. 구두소리. 영국인이 아니다. 접시를 탁자에 놓는 소리. 종이 소리? 다시 구두 소리. 문 닫는 소리. 얼굴을 든다. 물통이 없어졌다. 새 물을 가져 오려나 보다. 탁자, 접시 옆에 종이가 놓여 있다. 읽을 수 없다. 안경이 어디 있지? 아, 여기 있다. 두 줄이다. 목사가 돈을 정확히 전달했음. 내일 밤에 풀려날 것임.

만세를 부를 일이다. 하지만 그럴 기분이 아니다. 어쩌면 나를 죽일지도 모르고, 되도록 오래 가둬놓을지도 모른다. 하지만 고마웠다. 신이 없다면 과연 누구에게 감사할 수 있겠는가? 지하실에는 거미가 있었다. 거미가 서식하기 좋은 장소이다. 그동안 지하실에서 거미를 20마리 정도 죽였다.

나는 거미를 싫어한다. 그런데 지금 카페트 위로 거미가 지나간다. 하지만 이 좋은 소식을 접한 지금 요한 페터 헤벨의 〈집 친구〉에 나오는 대목이 생각났다. 한 선원이 배에서 적과 싸우다 머리에 있는 벌레를 떨어내느라 바닥으로 고개를 숙인 사이 대포알이 머리 위를 스쳐갔다는 줄거리다. 그래서 거미를 죽이지 않았다. 그 뒤로도 쭉 그랬다. 누가 나에게 '불길한' 징조가 무엇이냐고 물으면, 지하실에서 거미 죽이는 것이라고 답하겠다.

48시간이 경과해야 석방되는 규정대로 이틀을 기다려야 했다. 첫날에 영국인이 와서 내 시계를 벗겨 갔다. 그는 기분이 좋아 보였다. 돈 전달이 잘됐으며 돈을 컨

테이너에 잘 실었다고 했다. 하지만 아른트 목사와 클라우젠 교수가 타고 온 차를 구덩이에 처박는 사고가 일어났단다. "어두운데, 불을 켜고 달릴 수 없어서 그냥 달리다가 그만…." 나중에 안 사실이지만 그들이 일부러 그런 것은 아니었다. 그들은 신경이 예민했다. 그들은 떨고 있었던 것이다. 그리고 휴대폰으로 - 영국인은 모바일 폰이라고 했다 - 연신 미안하다고 했다. 프로로서 그들의 이미지가 확 손상되는 순간이었다.

둘째 날에는 점점 불안해졌다. 그들이 위에서 짐을 싸고 옮기는 소리가 들렸기 때문이다. 선반을 옮기고 판자를 버리는 소리가 났다. 그리고 병들을 버리는 소리가 났다. 그리고는 몇 시간 동안 조용해졌다. 노크를 해볼까? 쓰레기를 버리러 가서 안 돌아오는 거 아니야? 아직 48시간이 안 지났나? 탈출을 시도하려면 바로 지금이 적기가 아닐까?

지난 33일 동안 지금처럼 적절한 순간은 없었다. 벽에 박힌 사슬의 못이 헐렁거리는 것 같은데. 그러다가 그들이 갑자기 들이닥치면? 항상 똑같은 질문이다. 나는 기다렸다. 영국인이 왔다. 빵 접시와 씻을 물을 가져왔

　　　　　　　　　　　　　　지하실에서

다. 쇠사슬을 풀어주고 나갔다. 아, 나를 풀어주는구나!
안도감이 밀려 왔다. 물론 숲에서 쏴 죽일 수도 있지만
여하튼 지하실에서 굶어 죽지는 않겠구나.

한참 지나서 영국인이 다시 왔다. 눈을 감고 의자에
앉아 있으라고 했다. 눈을 다시 붕대로 가리는데, 전보다
더 꼼꼼히 감았다. 내 구두를 신겨 줬다. 옷은 돌려주지
않았다. 지문이 묻었을까봐 그런가? 수첩을 가져가도 되
냐고 물었다. 물론 안 된단다. 나는 두 가지 부탁을 했다.
우선 화장지를 가져가겠다고 했다. 숲에서 얼마나 오래
헤맬지도 모르고 흥분하면 대장에 신호가 오니까.

대화가 계속됐다. "가족에게 쓴 유서를 여기에 버려두
고 싶지 않다. 당신이 챙겨 달라." "알았다. 내가 없애겠
다." "가지고 있다가 내가 안전하게 집에 도착했다는 기
사를 신문에서 읽으면 그때 없애 달라. 만약 무슨 일이
생기면 그때 집에 부쳐주었으면 한다. 내가 부탁하는 것
이니 거기에 예스, 노 대답할 필요는 없다."

편지는 이렇게 시작한다. '사랑하는 카트린, 사랑하
는 요한, 이 편지를 받으면 그들이 나를 죽인 거야. 당황
하지 말고 나의 마지막 인사를 들어다오.' 그리고는 지난

번 편지와 비슷한 말을 적고, 유언을 써 놨다. 납치범들이 나를 처치한다면 시신 옆에 이 편지를 놔두기를 바랐다. 시신이 제때 발견될 런지, 편지가 읽을 수 있는 상태로 남아 있을런지 의문스럽다는 생각이 뇌리를 스쳤다.

그리고 또 하나 부탁: "언젠가 돈이 다 떨어질 때가 되거든 – 금방은 아니겠지만 – 제발 사람을 납치하는 일은 하지 마십시오. 그게 사람에게 할 짓이 아니오." "오, 하지만 당신은 꽤 호사스럽게 지낸 것임을 잊지 마시오." 영국인이 재판에 서게 되면 그런 진술을 할 거라는 생각이 뇌리를 스쳤다. 나는 갑자기 그를 비꼬고 싶은 충동을 느꼈다. "다음번에 또 이 비즈니스를 하고 싶다면 내가 납치되고 싶어 하는 사람들의 리스트를 작성해주겠소." 이는 지그문트 프로이트가 게슈타포에게 했던 말을 인용한 것인데 영국인이 그것을 알 것 같지는 않았다. 나중에 기자들이 영국인이 했던 이 말을 인용해서 '럭셔리 납치극'이라는 기사 제목을 달기도 했다.

내 손은 앞에서 테이프로 묶여졌다. 입에는 테이프를 붙이지 않았다. "하지만 당신이 소리를 지르면 입을 막을 것이오." 그리고는 지하실을 나왔다. '이 지하실을 다시는 보지 않기를' 하고 생각하다가 다시 봤으면 좋겠다고 생각이 바뀌었다. 경찰과 함께 말이다. 계단을 올라간다. 계단에 뒤판이 없다는 것을 그때 알았다. 다 올라가서는 여러 번 빙빙 돌아야 했다. 그리고는 밖으로 나왔다. 자동차가 서 있었다. 지난번과 다른 차다.

나는 다시 뒤에 타야 했다. 하지만 짐칸이 아니다. "여기가 트렁크요?" "그런 비슷한 거요." 트렁크에 실리는 데에는 약간의 두려움이 있다. 슐라이어 사건과 알도 모로 사건도 트렁크에서 일어난 사건이라는 생각이 났다. 자리는 좁았다. 거의 숨이 막힐 정도였다. 그리고는 음악을 크게 틀었다.

차 소리로 지나가는 것을 알아듣지 못하게 하기 위해서다. 라디오인지 테이프인지 모르겠다. 음악을 계속 틀어 놨으면 좋겠다고 생각했다. 노래 두세 곡 튼 다음 음악을 껐다. "천천히 가!" 영국인이 말했다. 우리는 곧 고속도로에 진입했다. "시간이 조금 걸리겠지만 되도록 당신 사는 곳에서 멀지 않은 곳에 당신을 내려주겠소." 트렁크는 조금 열려 있었고 위에는 모자걸이가 있었다. 조금 돌아누우려고 하다가 부딪혀서 뭐가 떨어졌다.

"뭐 하는 거야?" 화가 난 목소리였다. "돌아누우려다 뭔가를 떨어뜨렸다오." "움직이지 말아요!" 조금 있다가 그들이 새로 구입한 아내의 휴대폰 번호를 불러줘서 그 번호를 외웠다. 전화번호를 적은 쪽지를 그들이 두고 왔기 때문이다. 음, 나를 살해하려는 의도는 정말 없었군.

고속도로를 오래 달렸다. 고속도로 인터체인지를 지나가는 것 같았다. 혹시 길을 헷갈리게 하기 위해서 반대편으로 갔다가 다시 돌아오는 것은 아닌가! 그리고는 북쪽 방향 졸타우 근처에 다다른 것 같은 소리가 났다.

다행히 공기는 계속 주입됐다. 하지만 꼼짝할 수 없게 구겨져 있으니까 밀실공포증이 심해지는 것 같았다. 돌아눕지 않고 움직이지 않기로 했다, 다만 머리를 약간, 그리고 묶인 손을 왼쪽, 오른쪽으로 살살 움직였다. 나는 노래를 속으로 따라 불렀다. 짧은 시간을 타고 간 것 같았는데 나중에 경찰이 한 말로는 한 시간 정도 달렸다고 한다. 노래 두 곡을 두 번씩 속으로 불렀으니까 30분 정도에다, 시를 짧게 외웠으니까 그렇게 계산을 했었다.

그리고는 고속도로를 나왔다. 조금 더 가니까 숲길이 나타났다. "불 켜!" 차를 세웠다. 트렁크 문을 연다. 다시

또 떠오르는 생각: 여기서 나를 쏠 것인가? 손을 묶은 것을 잘라냈다(운전사가 칼을 못 찾아서 잠깐 말이 오갔다). 전화 카드를 주머니에 넣어주었다. 영국인이 동전을 깜빡 잊고 왔고, 운전사도 동전이 없었다. 그리고는 영국인이 내 손을 이끌고 숲으로 걸어 들어갔다. 마치《헨젤과 그레텔》의 헨젤 같은 느낌이 들었다.

숲은 차갑고 습했다. 숲에서는 봄 냄새가 났다. 지난 4주 반 동안 주는 음식에서 나는 냄새와 싸구려 면도액 냄새, 변기에 쓰는 화학 약품 냄새 외에는 다른 냄새를 맡을 일이 없었다. 그런데 지금은 흙냄새, 풀냄새, 나뭇잎냄새를 맡는다. 감탄사가 나오려고 하다가 멈칫했다. 영국인과 감성을 교환하고 싶지 않았다.

그리고는 멈춰 섰다. 눈의 붕대를 풀고, 앞만 보고 직진하라. 절대로 뒤돌아보지 말 것! "몇 킬로미터만 가면 기찻길이 나오고, 바로 그 뒤에 호르스트라는 마을이 나옵니다. 거기 가면 전화 부스나 가정집이 보일 테니 거기서 집이건 경찰이건 전화를 하시오." 붕대를 벗기는데 잘 안 벗겨져서 그냥 머리카락과 함께 뜯어냈다. 깜깜한 밤이다. 구름이 보이고, 달은 안 떴다. 몇 발짝 걸어 봤다.

"굿바이 인사할까?" 관두자. 납치범과는 어떻게 작별인
사를 해야 하지? "만나서 반가웠다는 말은 않겠소." 웃음.
"알았오."

나는 걸었다. 깜깜한 숲 속에서 어딘지도 모르고 걷는
다니 스산한 생각이 났다. 스티븐 킹의 《게임》에 나오는
살인자가 생각이 났으나 무서운 느낌은 들지 않았다. 무
작정 앞을 보고 걸었다. 한 발짝씩 기계처럼 하지만 천
천히. 왜냐하면 길이 울퉁불퉁하고 앞이 잘 보이지 않아
서다. 얼마나 갔을까? 반시간, 어쩌면 더 오래. 왼쪽 멀리
서 자동차 달리는 소리가 났다. 숲길을 계속 따라가자니
길이 넓어지고 차가 다닌 흔적이 있다. 계속 갔다. 내리
막길이 나왔다. 그때 다리가 보이고 그 뒤로 불빛이 보였
다. 숲을 헤매다가 멀리서 불빛을 발견했을 때 사람은 안
도감에 휩싸이게 된다. 사람 사는 곳에 온 것이다.

마을이 나타났다. 전화 부스는 없고, 역까지 5킬로미
터라는 안내판이 나온다. '안 돼, 5킬로미터를 더 갈 수
는 없어.' 그때 불이 켜져 있는 집이 보였다. 창문 너머로
한 남자가 TV에서 테니스 경기를 보고 있었다. 갑자기
내가 ET 같다는 생각이 났다. '집에 전화하자!' 초인종을

누르고 문에서 몇 발자국 떨어졌다. 주인이 놀랄까봐. 내 꼴이 지금 어떤가? 지난 33일 동안 거울을 본 적이 없다.

문이 열렸다. "네, 누구세요?" "늦은 시간에 죄송한데, 전화를 좀 쓸 수 있을까요?" "국제 전화만 아니면." "아닙니다. 함부르크로 가는 전화입니다. 아내에게 전화하려고요. 제가 왜 밤중에 이 꼴로 남의 집 앞에 서 있는지 설명해드리겠습니다. 제가 끔찍한 일을 당했습니다. 믿기 어려우시겠지만 제가 납치를 당했다가 조금 전에 풀려났습니다." "뭐라고요?! 내 사냥총 어디 갔어?" "아니, 이제 걱정 안 하셔도 됩니다. 방금 끝났어요."

지금의 나는 누구인가

이제는 다 지나간 일이다. 하지만 완전히 지나간 것은 아니다. 납치범들이 감옥에 있다고 해서 끝날 일이 아니다. 지하실은 내 인생에서 사라지지 않는다. 그래서 나는 지하실 시절을 다시 떠올리려고 한다. 내가 빼먹고 적지 않은 것은 없는지, 등한시한 일은 없는지를 살피기 위해서다. 내가 기껏 써봤자 그것은 큰 물통에서 헤엄치기와 같은 것으로, 바깥세상과는 격리된 환경이었다. 내가 하루하루의 일정을 묘사하지만, 실제로 일정이라는 것이 존재하지는 않았다.

하루하루가 나의 심리 상태에 의해 달랐고 그 심리 상태는 납치범들이 정한 스케줄이나 그들에게서 얻은 정보에 의해 좌우되었다. 그럼에도 나는 그동안의 일과를 다시 한 번 천천히 훑어보기로 했다. 여러분은 이 책을

읽을 때 나의 정서에 '불안'의 감정이 항상 깔려 있었다
는 것을 잊지 말기를 바란다.

언젠가 잠을 깼다. 어두웠고, 빛의 흔적은 보이지 않
았다. 시계를 보지 않고 그냥 계속 잠들기를 시도한다.
다시 잠들었다 깼다. 노크 소리가 났다. 항상 그랬듯이
놀란 목소리로 소리쳤다. "네! 예스! Come in!"이라고.
사람에 따라 문을 여는 속도가 각각 달랐다. 그리고는 불
이 켜지고 구두소리가 난다. 접시를 식탁 위에 놓는다.
대야를 들고 나갔다가 몇 분 후에 다시 대야에 새 물을
가져온다.

차이점: 노크 소리가 사람마다 다르다. 열쇠 여는 소
리도 틀리다. 한 사람은 나갈 때 항상 불을 끄고 나간다
(일기에서는 그를 '백치'라고 썼다). 풀려날 무렵에는 항상
소름끼치게 찬 물을 가져오는 사람이 있었다(문제없다.
새로운 인원이 보충됐다는 증거다). 한 사람은 – 아마도 영
국인일 것이다 – 콘플레이크를 좋아하는지 항상 아침식
사로 가져왔다. 그런 날은 죽처럼 퍼지지 않게 제때 먹어
치웠다. 두 번은 면도액이나 향수 냄새가 격하게 나는 사
람이 들어 왔었다. 그 손으로 빵에 버터 칠을 했는지 도

저히 냄새가 역해서 빵을 먹을 수가 없었다.

처음에는 아침 식사가 8시에 나오더니 나중에는 9시, 9시 반, 10시에 나왔는데 영국인이 올 때는 항상 늦게 나왔다. 영국인이 늦잠을 자는 것인지 아니면 서열이 높은 자리인지, 내가 늦잠을 잘 수 있도록 배려를 하는 것인지, 8시를 칼같이 지키는 사람과는 다르게 성격이 느긋한 것인지도 모른다. 9시 반 이후에 나오는 날은 이미 깨어 있어서 어둠속에서 하루가 시작되기를 기다렸다. 나는 하루를 규칙적으로 보내고 싶지, 멍하니 무언가를 기다리며 시작하고 싶지 않았다. 10시가 지나가면 어김없이 불안해지기 시작한다.

나는 일어나서 물을 두 개의 빈병에 담는다. (물은 2~4개 정도 1.5리터 병에 항상 준비되어 있었다. 준비해둔 두 빈 병에 물을 채우고 나면 보통 5병 정도가 생긴다. 물론 대야에도 물이 있었지만 세수하고 나면 비눗물이 된다) 그리고는 컵에 물을 따르고 이를 닦는다. 끝으로 발 하나를 대야에 담고 씻는다. 다른 발은 사슬에 묶여 있어서 닦을 수 없다.

그리고는 자리에 누워서 잔다. 운이 좋으면 12시까지 자는 날도 있다. 더 운이 좋은 날에는 중간에 노크 소리가 나고 영국인이 신문을 가져다준다. 주로 〈쥐트도이체〉 신문이나 〈프랑크푸르터 알게마이네지〉 신문이고 광고 때문에 〈함부르거 모르겐포스트〉 신문도 딸려온다. 광고에 관해 할 말이 있으면 - 전화번호나 신원 확인 질문 내용 - 몇 마디 말이 오가기도 한다.

12시가 지나서 점심을 조금 먹고 신문을 읽기 시작한다. 새 신문이 없을 때는 전날 신문을 읽든지 - 그럴 때를 대비해서 신문을 다 읽지 않고 매일 조금씩 남겨 놓는다 - 아니면 '연대기'를 읽는다. 2시 30분까지 2시간 반 동안. 그리고는 누워서 반 시간동안 '연대기'를 더 읽고 3~4시 사이에는 낮잠을 자려고 시도하지만 잠드는 적은 거의 없다. 낮에 잘 때는 불을 끄는 일이 없다. 낮과 밤의 리듬을 깨지 않기 위해서다. 4~5시 사이에는 '연대기'를 읽고 5시에는 아들과 편지에서 약속한대로 '역사 속의 오늘'을 읽는다(약 15분 걸린다).

그리고는 저녁때까지 이것저것 읽거나 글을 쓰거나 하지만 글이 써지는 날은 드물었다. 그리고 8시쯤 되면 아침과 같은 광경이 다시 벌어진다(노크, 식사 접시 놓기, 물 교환 등). 저녁을 조금 먹고, 씻고, 이 닦고, 지하실 공기가 건조해서 수건을 적셔 난방기 위에 걸쳐놓은 다음, 침대에 간다. 누워서 한두 시간 '연대기'를 읽는다. (지난 4주 반 동안 연대기를 어쩌나 꼼꼼히 읽었는지 오자와 탈자도 발견했고 자료상의 오류도 발견했다. 출판사에 교정을 맡기고 싶을 정도이다)

그 후에는 독서 플랜을 짜놓은 대로 저녁마다 일정량의 분량을 읽는다. '연대기'가 거의 끝나가는 지점에서 분량을 줄이고, 대신 보부아르의 《제2의 성》을 읽었다. 다행히 이 책은 얼마 읽지 않아서 많이 남아 있었다. 그 외에 도스토예프스키의 단편소설, 르 카레의 《잠자리》, 울프와 레싱, 나돌니를 읽었다. 나돌니를 다 읽고 나서는 울프의 소설을 다시 읽었다. 크라우스, 야스퍼스, 슬로터딕은 낮에 읽었다. 저녁에는 조금 가벼운 책을 읽음으로써 기분전환을 하려고 했다. 키숀의 책은 그 중간에 읽었다.

33일 동안 읽고 남은 책은 비상용으로 남겨둔 채트윈과 크로닌의 소설들이었다. 도스토예프스키의 단편들은 최후로 남겨둔 독서 목록에 속한다. 나는 장편소설은 좋아하지만 단편소설은 잘 읽지 않는다. 만약에 몇 주를 더 기다려야 하는 상황에 대비해서 그의 단편 하나를 아예 외우려고 남겨두기로 했다.

밤에는 2시나 3시 반까지 책을 읽었다. 피곤해서 곧 바로 잠들 수 있을 때까지 읽었다. 가끔은 그때쯤 잠이 들었다. 하지만 보통은 새벽 6시까지 선잠을 자곤 했다. 문을 노크하는 소리가 들리는 것 같아 자주 깨서, "네! 예스! Come in!"이라고 소리치곤 했다.

낮에는 혈액 순환을 위해서 운동을 하려고 시도했다. 지하실에 있는 시간이 길어짐에 따라 심장의 통증이 점점 심해졌다. 어떤 때는 무엇에 눌리는 것같이 아팠고, 어떤 때는 콕콕 쑤시는 것 같았고, 어떤 때는 심장이 불규칙하게 뛰었다. 나는 예전에 심장에 문제가 있었기 때문에 납치된 불안한 상황이 심장에 문제를 가져올 것을 예감했다.

첫 주에는 지하실을 왔다 갔다 했다. 묶인 사슬이 움직일 수 있는 범위 안에서 하지만 사슬이 자꾸 꼬여 길이가 점점 짧아져서 반대쪽으로 다시 풀어야 제 길이가 되곤 했다. 그래서 원을 돌지 않고 앞뒤로 왔다 갔다 했다.

걷기는 열기를 더해 광적인 상태에 도달하게 했다.

급기야 독서 시간도 줄이고 걷기에 몰입했다. 걷기는 혈액 순환을 좋게 할 뿐 아니라 감정과 사고를 진정시키는 효과도 있다. 숫자를 세어가며 걸었고, 100에서 다시 1로 돌아가서 세었다. 하루에 얼마나 걸을까 짐작해 봤다. 3,000~4,000? 첫 날에는 3,000~5,000정도 걸었다. 다음 날은 8,000, 그 다음 날은 1만 5,000, 그 다음날은 1만 8,500보를 걸었고 그 다음 날은 1만 5,000보로 줄었다. 그게 하루 할당량으로 정해졌다. 항상 2.5~3보 앞으로 걷고 다시 돌아오고 했다. 2.5~3보를 사슬에 묶인 코끼리처럼 앞으로 걸음을 걸었다. 방향을 바꿔서 다시 돌아오기를 계속 반복했다.

양말이 금방 닳았다. 그래서 맨발로 걸었다. 걸은 거리를 킬로미터로 계산하곤 했다. 그리고 오늘은 몇 킬로 걸었다고 하고 그 기록을 갱신해야 한다고 다짐하곤 했다. 하지만 이 일도 1주일 만에 차질이 생겼다. 아침마다 발이 아파서 견딜 수가 없었다. 하지만 하루 할당량을 지키려고 노력했다. 하지만 통증은 점점 심해졌다. 왼쪽 엄지발가락과 발바닥의 움푹 파인 곳이 그렇게 아팠다. 발방향을 바꿀 때 그 부분이 꼬이며 힘이 가해지는 모양이었다. 다음 날 아침에는 발을 디딜 수도 없을 정도로 통증이 심했다. 그쪽 힘줄에 염증이 생긴 것 같았다. 타자를 칠 줄 모르는 사람이 하루 종일 타자를 치면 다음 날 어깨에 통증이 오듯이 그런 것 같았다.

걱정이 되지는 않았다. 다만 걷기를 중단할 수밖에 없었다. 무슨 다른 운동이라도 해야 했다. 팔굽혀펴기를 해봤으나 창피하게도 몇 개 하지도 못했다. 그래서 서서 벽에다 대고 팔굽혀펴기를 했다. '벽굽혀펴기'는 시간당 40번을 했다. 윗몸일으키기도 해봤다. 왼발은 사슬 때문에 조심해야 해서 밑에 무엇을 받치고 했다. 그렇게 1주일을 했더니 오른쪽 발에 무리가 와서 자꾸 붓고 아프고, 잘 때 자주 쥐가 났다. 그래서 항생제가 들어 있는 독감약을 먹어봤다. 나아지는 것 같았다. 내 생각에는….

왼쪽 발에도 문제가 있었다. 제대로 걸을 수 없어서 절뚝거렸다. 지금 풀려나면 "걸어서 몇 킬로미터를 가야 합니다"라는 그들의 말대로 풀어줘도 걸어갈 수 없는 형편이 된다. 지팡이가 있어야 걸을 수 있지, 아니면 기어가야 한다. 물론 그것이 큰 걱정거리는 아니다. 하지만 고려해야 할 사항인 것은 확실하다. 풀려나기 직전에 진통제를 먹고, 나머지는 가져가야겠다고 생각했다. 그리고는 이를 악물고 기어서라도 가야 한다. 시간을 지체해서는 안 된다. 숲에서 쓰러져 밤을 지내는 일이 있어서는 안 된다.

게다가 이런 나의 나약함을 드러내는 것은 석방 기사를 다루는 미디어에서 조용히 넘어갈 리가 없다. 한 달이상 지하실에 갇혀 있으면서 힘줄에 염증이 생겨서 걸을 수 없다니! 석방되어도 발이 아파서 몇 킬로미터도 걸어올 수 없다니! 함부르크-블랑케네제 출신의 나약한 책상머리 문헌학자! 나는 두들겨 맞고 납치되어 쇠사슬에 묶여 있다 풀려난 사람으로서 그에 합당한 동정을 받고 싶지, 절대로 조롱거리가 되고 싶지는 않았다.

영국인에게 압박붕대 두 개를 사달라고 부탁할까? 하지만 그것도 겸연쩍었다. 그것은 마치 내가 살아서 석방된다는 것을 전제하는 것이기 때문이다. 그래서 그냥 불평했다. "양쪽 발이 아파요!" 룩셈부르크 국경에서 있을 돈 전달이 잘될 경우, 석방될지도 모를 월요일 밤까지는 발이 나아지리라 기대했다. 하지만 일요일에 영국인이 들어와서 실패했다고 전했다. 그리고 또 2주일 동안 발은 차도를 보이지 않았고 석방 후에도 2주 동안 다리를 절었다.

식사는 주로 빵이었다. 흑빵, 회색 빵. 그 위에 햄, 소시지나 치즈, 잼, 토마토를 얹었다. 한 번은 돈가츠 집에서 사온 돈가츠와 치킨, 짜디짠 만두, 콩 수프, 국수가 나왔다. 이들은 모두 캔 음식이다. 두 번이나 스크램블 에그가 나왔는데 짰다. 누가 계란을 좋아하는지 삶은 계란이 여러 번 나왔다. 소금 없이 차가운 반숙 계란으로. 메뉴를 보고 그들의 정신 상태를 짐작하려는 시도는 하지 않았다.

첫날은 스파게티에 참치 소스가 나왔는데 어쩌나 맛없고 기름이 많던지, 그들이 나중에 건네준 와인 한 병을 다 비웠다. 이때 딱 한 번 술이 나왔고 나머지는 계속 물을 주었다. 나중에는 우유도 나왔다. 하루는 영국인이 미안하다고 했다. "식사가 맛이 없을 거요. 하지만 우리도 똑같은 걸 먹습니다." 이는 마치 전쟁터에서 장교가 사병들에게 하는 말 같았다. 고난을 함께한다는 얘기다.

내 대답: "내가 불평하려는 것은 식사가 아니오"라고 하면서 한 마디 덧붙였다. "과일이 있으면 좋겠소." 그날

지하실에서

부터 가끔 사과나 바나나가 나왔다. 누가 딸기를 좋아하는지 딸기가 이른 철인데도 탁자에 올려놓곤 했다. 그 외에도 가끔 과일 주스가 나왔다. 중요한 건 유리병이다. 일회용 종이나 플라스틱 소재만 보다가 처음으로 유리라는 소재가 나오니까 탈주가 연상되기도 했다.

식사 문제는 불평할 일이 없었다. 그들은 나를 잘 먹일 셈이었다. 남긴 빵이 쌓여가자 빵 숫자를 줄였다. 식욕이 없었다. 첫 날은 아무것도 입에 대지 않았고 며칠 동안 거의 먹지를 못했다. 음료수는 한 번 마셨다. 식욕이 없으니까 대신 마셔봤다. 내 몸에서는 불안 때문에 어떤 욕구도 일어나지 않았고 지하실에 버려져서 굶어 죽을까봐 음식을 저장해두고 싶었다. 그렇게 며칠이 지나자 신장에 통증이 오기 시작했다. 그때부터 끼니마다 챙겨먹고 물도 충분히 마시기 시작했다.

물론 지하실에서의 하루 일정도 사소한 일들로 꾸려져 있으나 밖의 세상과는 사뭇 다르다. 예를 들면 쇠사슬에 묶여 있다는 점이다. 일단 몸을 돌리려고 하면 문제가 생긴다. 쇠사슬이 돌돌 말려서 짧아진다. 한 번은 오른쪽 대신에 왼쪽 발에 사슬을 채워달라고 부탁해서 그렇게 바꿨는데 실수였다. 그렇게 함으로써 행동반경은 한층 더 좁아졌고, 특히 캠핑용 변기를 사용할 때 문제가 생겼다. 반대쪽 발에 사슬을 달았기 때문에 용변을 볼 때 벽쪽으로 돌아서야 했다. 하지만 그렇게 하면 문 쪽을 향하기 때문에 납치범과 마주치게 된다.

물론 노크를 하겠지만 영국인 외에는 모르기 때문에 나머지 사람들이 어느 나라 말을 하는지 모른다. "잠깐만 기다리세요! Just a moment!"라고 소리 질러도 "네! 예스! Come in!"으로 알아듣고 확 문을 열고 들어올지도 모른다. 그렇다면 매우 불편한 상황이 전개될 것이다. 더 중요한 것은 내가 피할 틈도 없이 얼굴을 보게 되는 상황이 벌어질 수도 있을 텐데 - 그것은 영국인도 말했듯이 - 생명이 위험할 수도 있다는 것이다. 결국은 문을 등지고 변기를 사용해야 한다. 그리고 히터의 온도 조절기를 조정하는데도 오른쪽 발을 묶는 편이 더 손이 쉽게 닿았다. 다음 날 나는 사슬의 위치를 예전대로 바꿔달라고 부탁하는 수밖에 없었다.

쇠사슬에 묶여 있으면 옷을 벗을 수도 없다. 몸을 씻을 때는 바지를 사슬이 있는 발에 감아 놓고 씻었다. 트레이닝 복은 두 번 갈아입었고 그때 사슬을 풀어주었다. 하루는 저녁에 만두가 너무 뜨거워서 혀를 데었는데 그때 토마토소스를 상의와 바지에 흘렸었다. 어떡하지? 노크할까? 영국인이 없다면 다른 사람이 내 말을 알아들을 것인가. 잘 때 드러누우면 아무래도 빨간 소스가 이불과 매트리스에 묻어서 얼룩이 생길 것 같았다. 그것은 원치 않았다.

일단 내가 빨기로 했다. 윗도리는 문제가 없었다. 빨아서 히터 위에 널어놨다. 바지는 사슬이 허락하는 범위까지 빨았으나 널어 말릴 수는 없었다. 축축한 바지를 매트리스 밖의 바닥에 널어놓고 잤다. 물론 마르지 않았다. 새벽에 젖은 바지를 입고 체온으로 말리려고 시도했다.

사슬의 길이를 보면 영국인의 키를 가늠할 수 있다. 진공청소기를 받았을 때 사슬이 묶인 벽에 달린 콘센트에 꽂으려고 했다. 하지만 닿지가 않았다. 그래서 사선으로 꽂으려고 했더니 발이 아팠다. (책상 밑에 또 다른 콘센트가 있는 것을 몰랐다. 그 위에 신문들을 쌓아놓았기 때문이다) 저녁에 영국인이 와서 사슬을 점검하며 어떻게 콘센트에 꽂았느냐고 물었다. "쉽지 않았어요. 발이 아프네요"

라고 말했다.

이상하다. 자기가 해보니까 콘센트가 닿지 않았다고 한다. 그리고는 쇠사슬을 재점검했다. 바로 옆 히터에 콘센트가 있는데 그걸 쓰지 않게 한 것은 내가 히터를 두드려서 위층으로 소음을 내는 것을 방지하기 위한 것 같다. (그래서인지 히터에 천으로 된 덮개가 씌워져 있었다) 지하실에 사람이 있다는 것을 모르는 사람이 위에 있는가? (집 안주인은 집을 출입할 수 있는 열쇠를 내내 가지고 있었다고 한다) 내가 그동안 방 온도를 히터로 조정한 것을 모르는 모양이다. 알았으면 쇠사슬을 더 짧게 조였을 것이다.

이는 우리가 이런 작고 사소한 것들에 의해 얼마나 좌우되는지를 보여주고 있다. 공상의 세계에서는 무한대로 많고, 실제 삶에서도 그렇다. 내가 히터를 두드려서 나의 존재를 알릴 수 있었을까? 아마 그렇지 않을 것이다, 하지만 누가 아느냐고? 그건 알 수 없는 일이다. 맨 처음 이 집에 끌려 들어왔을 때 눈을 가렸었지만 아래쪽은 조금 보였다. 그때 계단을 능숙히 내려왔다면 나의 지하실 생활이 더 혹독했을 것이다. 그래서 나는 본능적으로 눈을 감고 비틀거리며 계단을 내려왔다.

그리고 언젠가 놓고 간 음료수 병에 '콘티넨트' 슈퍼마켓의 마크가 붙어 있는 것을 발견했다. 나는 얼른 그 마크를 긁어내어 찢어서 변기에 버렸다. 그들이 내가 이 종이를 읽고 이름을 외웠다고 눈치 채면 나를 죽일 것이라는 공포가 밀려왔기 때문이다. 다음번에도 그 음료수 병에 마크가 붙어 있었다. 역시 제거했다. 병에 계속 마크가 붙어 나오고 내가 그들이 어디서 장을 보는지 눈치 챈 것을 알게 되었지만 그들은 개의치 않았다. 그 사실이 나를 더 경악하게 했다.

나는 가끔 영국인과 짧은 말을 주고받을 때 단순한 질문과 대답을 넘어가는 대화를 시도하곤 했다. 그렇게 함으로써 납치범들에 관한 정보를 하나라도 더 얻으려 했고, 내가 살아남을 수 있는 찬스를 가늠해 보고자 했다. 그 외에도 단순히 사람과 사람으로써 얘기를 나누고 싶었다. 나는 영국인의 머릿속에 하나의 교환 대상자로만 남고 싶지 않았다.

그렇게 함으로써 영국인이 나를 죽이느냐 마느냐를 결정해야 하는 순간이 왔을 때 내가 살아남을 가능성이 더 높아질 것이라고 생각했다. 극단적인 그 순간을 위

해 나는 영국인의 뇌리에 하나의 주체성을 확립해두어
야 한다. 모든 어조에서 공격성을 띠는 말을 삼가함으로
써 상대방을 자극하는 일이 없도록 했다. 나는 공손함을
잃지 않으려고 노력했다. 예를 들면 "이 일은 비즈니스일
뿐이오"라는 그들의 말에 즉각 "그래, 당신의 비즈니스
요. 하지만 나에게는 생명이요"라고 즉각 반응하는 것을
삼갔다.

나는 영국인에게 두 번 거의 눈물을 흘리면서 애원한
적이 있다. 한 번은 아내를 돈 전달자로 채택해달라고 애
원했을 때 그리고 또 한 번은 돈 전달이 실패로 돌아갔
을 때이다. 어쨌든 그때 대화는 어느 정도 위험 수준에
도달했었다. 나는 두 번 그에게 말했다. "내가 물어볼 것
이 있는데 당신이 후회할 것 같은 대답이면, 아예 대답
하지 마시오." 하지만 그 말은 바로 "내가 후회할 것 같은
대답"을 말한 것이다.

나는 여러 번 영국인에게 쇠사슬을 제발 풀어달라고
애원하고 싶은 것을 참았다. 한 번은 바지를 갈아입느라
고 쇠사슬을 잠깐 푼 적이 있었는데 쇠사슬을 다시 채우
려고 할 때 "이 체인을 꼭 다시 채워야겠습니까?"라고 물

었더니 "그렇소. 위에 사람이 없을 때도 있소"라고 했다. 내가 문을 따고 도망갈 수도 있다고 본 거다.

물론 나도 도망칠 생각을 전혀 안 한 것은 아니다. 하지만 문 밖의 세상에 생각이 다다르면 모든 것이 헛된 것임을 알게 됐다. 우선 쇠사슬을 어떻게 풀 수 있는지가 문제였다. 쇠사슬은 벽에 얼마나 깊게 박혀 있을까? 사슬을 박은 못은 흔들어 봐도 꿈쩍도 하지 않았다. 벽 두께가 얼마나 될까? 벽돌인가? 콘크리트인가? 한 번 긁거나 깨보고 싶었지만 그들이 알아차리면 그냥 한번 긁어본 것도 도주를 계획한 것으로 판명되어서 혹독한 처벌이 따를 것으로 여겨졌다. 쇠사슬은 납치범들에게는 결정적인 안전 장치였다.

만약의 경우, 나는 어떻게 벽을 훼손할 수 있을까 하는 생각을 했다. 우선 도구라고는 플라스틱 접시밖에 없었다. 이것으로 약간의 흠집을 낼 수는 있다. 아니면 플라스틱 의자를 부숴버려? 불가능하다. 소재가 딱딱하긴 하지만 질겨서 부러지지가 않는다. 하루는 아침식사 접시(딱딱한 플라스틱 소재)를 몰래 숨겨놓았다. 영국인이 와서 여기저기 둘러보더니 그냥 갔다(다시 나타나겠지, 라고 생각했나보다).

나중에는 유리 주스 병을 따로 챙겨놓기도 했다. 하루는 유리병을 따로 뒤쪽에 챙겨놨는데 영국인과 말이 오간 후 감쪽같이 사라졌다. 그래서 다음 날은 신문 밑에다 숨겨놓았더니 없어지진 않았다. 그래서 유리병이 3개로 늘어났다. 이 병들을 언제까지 간수할 수 있을지는 물론 알 수 없었다. 하지만 마냥 손을 놓고 있을 수만은 없었다.

돈 전달이 완전히 실패로 돌아갈 경우에는 자살할 목적으로 적당한 유리 조각이 필요하다. 손목을 그은 다음 피가 빨리 빠지게 하기 위해, 물 대야를 팔에 올려놓는 게 좋을 것 같았다. 게다가 오래 견디기 위해서는 마실 물이 필요할 것이다. 석방되고 한참 후, 체포된 납치범 중 하나가 감옥에서 손목을 그으려고 했다는 말을 들었을 때 나는 크게 만족했다.

나는 석방 후, 다음과 같은 편지를 받았다. '납치되었을 때 느끼는 감정을 표현하는 독일어는 없습니다. 인질이 느끼는 병적인 고독감은 극복되어야 합니다. 아무리 배운 사람이라도 이런 경우 끔찍한 증오감과 수치심을 동시에 가지게 됩니다. 그러니 힘내세요.' 이 편지를 쓴 사람은 나보다 더 끔찍한 일을 당했음에 틀림없다. 하지만 나는 그와는 다른 시각을 가지고 있다. 나는 그런 그를 존경한다. 그리고 모든 역경에도 불구하고 증오감과 수치심을 극복할 수 있었던 힘을 가졌던 것을 놀랍게 생각한다.

하지만 나는 그런 힘을 내고 싶어도, 낼 힘이 없었다. 내가 증오할 힘이 없었다는 것을 나는 오랫동안 되새기며 후회했다. 영국인의 목소리가 들려올 때 내가 얼마나 기뻐했는지를 생각하면 나 스스로에게 역겨움을 느끼곤 한다. 하지만 그것은 사람의 목소리였고, 또한 바깥세상으로 통하는 유일한 창구였다.

한번은 어린이 같은 생각이 들곤 했다. 내가 투명인간이었다면 어땠을까? 또는 내가 시간을 멈출 수 있다면 어땠을까? 그랬으면 영국인의 머리를 벽에 박고, 쇠사슬을 목에 감았을 것이다. 아니, 숨은 쉬게 해주고 쇠사슬로 목을 아주 꽉 조였을 거다. 그리고 그의 몸을 비틀어 묶어서 활모양으로 구부러지게 할 것이다.

그러나 거기서 생각을 다시 지웠다. 하지만 그를 밤

에 불을 켜지도 않은 깜깜한 곳에 놓아두고, 물은 가까이에 놔주고, 그렇게 오래 놔둘 것이다. 너무 오래 놔두지는 않고, 공포를 최대한으로 조성해서 두려움에 떨게 해서 나의 화가 풀릴 때까지 그대로 방치할 것이다. 영국인이 나한테 한 짓을 그대로 돌려줌으로써 보복하자는 것인가? 그가 나한테 하지 않고, 내 아내나 아들에게 폭행을 가했다면 그렇게 복수했을 것이다.

이러한 생각은 점점 도를 넘어 상상 속에서 폭력의 극을 달리는 두취 상태에 이르곤 한다. 내가 하고 싶은 것은 단 하나다. 납치범들을 재판장에서 보게 되는 것. 그들이 법정에 섰다는 것을 아는 것이 아니라, 그들을 재판장에서 내 눈으로 보는 것이다. 재판에 직접 참석해 그들 앞에서 진술함으로써 복수를 하는 일이다.

지하실을 벗어난 후, 납치범들의 신원이 밝혀지고 신문에 사진이 크게 나고 그들에 대한 정보가 자세히 밝혀졌어도, 나는 만족하지 않았다. 나는 그들을 꼭 법정이라는 장소에서 보는 것을 복수라고 생각했다. 신문에 아무리 사진이 크게 나도, 나는 관심이 없었다. 그 쓰레기 같은 인간들의 얼굴이 어떻게 생겼는지는 알고 싶지 않았다. 나는 그들을 법정에 세워 감옥에 처넣는 것에만 관심이 있다.

법정에 서면 나는 뭐라고 진술할 것인가? 그들의 형량을 결정하는 것은 결국 그들이 나를 어떻게 취급했느냐에 달려 있다. 그들이 내 머리를 담장에 처박고, 쇠사슬로 묶어서 짓이기고, 나는 피를 흘리며 차에 구겨져 실린 채 어딘가로 실려 가고 하는 모든 과정을 증인으로서 법정에서 진술하게 된다.

그러면 나는 무엇을 말해야 하는가? 사실, 그 자체를 말하는 수밖에 없다. 일어난 일을 일어난 대로 말하는 것이다. 그렇다면 증오는? 증오는 어디로 갔나? 나는 이 대목에서 증오의 환상보다 언급하기가 편한 납치범에 대한 나의 호감에 대해 말하지 않을 수 없다.

이러한 감정을 사람들은 '스톡홀름 신드롬'이라 부른다. 이는 스톡홀름에서 발생한 인질 납치사건에서 인질들이 시간이 경과함에 따라 납치범과 매우 호의적인 관계로 발전하게 되는 경우를 칭한다. 이 용어는 이제 일반화되어 꼭 인질 사건이 아니더라도 비슷한 증상을 규정짓는 잣대가 되었다. 이 증세는 혼란스러우면서 동시에 고통스러운 증세를 말한다.

인질과 납치범의 관계는 납치범이 인질을 죽음으로 협박하며 폭행을 행사하고, 인질은 죽음의 공포 속에서 협박에 노출되는 관계이다. 나는 지하실에 있을 때에도, 그 시기가 인간 심리의 변화를 연구할 수 있는 적기라고 생각했다. 석방 첫 주에 아내에게 그곳에서의 여러 가지 일화를 이야기하기에 바빴으며, 아내는 그런 얘기를 들으면 눈에 띄게 신경이 날카로워지곤 했다. 심지어 그곳에서 일어났던 일화를 듣고 싶지 않다고 했다.

바깥 세계 사람들에게 이러한 일상의 일화는 일종의 양념 같은 이야기들이다. 어디에도 존재하지 않는 곳에서의 새로운 이야깃거리, 기이한 이야기들 그리고 그런 이야기를 하는 사람은 특별한 광채가 난다. 미디어는 이런 이야깃거리를 좋아한다. 물론 나는 그럼으로써 우쭐해지곤 했지만 이는 지하실에 대한 잘못된 이미지를 제공하게 된다. 석방 후 받아본 편지 중에는 다음과 같은 내용도 있었다. '당신이 자신의 품위를 해치는 행위를 스스로 신랄하게 비판한 대목을 보고, 당신이 납치범들에게 꼿꼿이 대항하여 그들이 설 땅을 주지 않았을 것으로 생각합니다.' 그랬으면 얼마나 좋았겠는가.

마지막 돈 전달 바로 전날 저녁의 상황으로 돌아가 보자. 지하실 체류 기간이 길어질수록 우연의 영역은 점점 더 넓어졌다. 앞으로 펼쳐질 한 사람의 인생 시나리오에 갑자기 바깥에서 쳐들어와 자신을 현금과 교환하게 되는 상황은 거의 없다. 그러나 모든 우연은 가능하다. 납치범이 취한 임의의 행동만을 말하는 것이 아니라, 인생에서는 한마디로 모든 것이 가능하다.

경찰이 내 목숨보다 체포를 더 중요하게 생각하는 것, 경찰이 실수해서 내가 죽는 것, 사복을 입은 경찰이 납치범에게 경찰로 판명되는 것, 정복을 입거나 사복을 입은 경찰이 돈 전달 장소에 잠복하는 것 등. 또는 돈 전달자나 납치범이 예기치 못한 실수를 하는 것. 자동차사고 같은 것이 그 예다. '우리가 돌아오지 않으면, 아무도 당신을 여기서 풀어줄 수 없을 것이오'라는 말과 같이.

그런 생각을 하고 있을 때, 나의 납치범들이 새벽 3시에 들이닥쳤다. 뮌스터 쪽에서 오는 길이란다. 요구했던 3,000만 마르크를 제대로 받고 좋아서 날뛰다가 돈을 보관해둘 임시 은신처로 가는 길이었다. 깜빡 운전대에서 졸았는지 가드레일을 들이박고, 차는 360도 회전하고, 뒤따르던 차가 박고, 그쪽 운전사가 목이 부러지고, 피가 나고, 차가 불붙고, 현금은 불에 탄 채 흩어져 날아다녔다.

아무것도 모르는 나에게 시간은 갔다. 혹시 라디오에서 무슨 소식이 있나 틀어봤지만 아무 소식도 없고, 아무래도 상관없다. 문제는 아무도 돌아오지 않는다는 것이다. 나는 시계가 없어서 알 수는 없지만 약속한 시간은 지났다. 위의 보초도 기다리겠지. 기다리다 지치면 가버리겠지. 시간은 계속 흐르고, 9시, 10시, 11시(나에게 소식이 오려면 그때쯤 될 거라고 말했었다), 그리고 12시, 1시, 2시가 됐다. 이제 내가 가장 두려워하던 일이 벌어지려는가? 갑자기 쳐들어와서 납치하던 것보다 더 큰 두려움인 굶어서 서서히 죽어가는 상황이 도래한 건가?

영국인이 차로 떠나기 직전에 나는 영국인에게, 자식을 떠나보내는 어머니의 심정으로 짧게 말했다. "차 조심해서 몰고!"

그리고 불안의 소용돌이 속에서도 지식인이라는 표시를 내기 위해서 덧붙여 말했다. "이걸 바로 스톡홀름

232   지하실에서

신드롬이라고 하는 거요." 영국인은 웃었다. 두 프로들의 의사 표시 방식이다. 이 두 문장을 얘기하고 나니 마음이 한결 홀가분해졌다. 바로 이 사실을 주의 깊게 살펴볼 필요가 있다.

나는 나의 감정을 객관화시키면(주로 일기에 몇 줄 적는 것), 홀가분해지는 것을 느낀다. 그렇게 함으로써 감정을 극복하거나 제어하거나 하지 않고 노출시킬 수 있게 된다. 글은 감정의 밖에 있는 곳을 표시해준다. 이는 마치 세상의 퇴화에 저항하는 몸부림과 같다. 말하는 것도 비슷하긴 한데, 다만 말은 글과 달라서 실제적 감정을 대화의 대상으로 삼을 수는 없다는 차이점이 있다. 그럼에도 말하고 싶을 때에는 감정을 변형시켜서 문제점으로 바꿔 이야기한다. 나의 죽음에 대한 공포를 말로 할 때는, 예를 들면 집안 식구를 거론하는 전략을 쓰기도 한다. '물론 그들은 당신들이 돈을 받자마자 나를 죽일 것이라고 두려워하고 있다.'

물론 여기서 말하는 그들이란 나의 아내와 아들이다. 아들은 나를 살아서 다시 볼 수 없을 줄 알았다고 한다 ('사람들이 납치되면, 돈을 지불하고 하라는 대로 다 해도 결국 죽인다'라고 경찰이 아들에게 말했다고 한다). 하지만 그건 나도 마찬가지다. '우리는 당신을 해치지 않을 것이다. 이 일은 그저 비즈니스일 뿐이다'라는 말을 그들은 둘째 날에 했는데, 나는 조금 안심이 되었지만, 그렇다고 내가 정말 살아서 나갈 거라는 확신은 서지 않았다.

그때 영국인의 대답이 나를 다시금 안심시키는 역할을 했다. 거액의 몸값이 지불된 후 인질이 살해당한 적은 아직까지 없었다면서 "그런 사실을 경찰도 알고, 당신 변호사도 알고 있으니까 당신 부인에게 얘기해줄 것이오"라고 하면서 그 이름들을 차례로 예를 들었다. 알브레히트, 외트커, 스뇔 등. 영국인은 끝까지 나를 안심시키려고 노력했다. "그들이 돈을 지불하면, 우리는 절대로 당신을 살해하지 않을 것입니다. 내가 약속하죠."

그러면 다음과, 또 다음의 돈 전달이 실패해도 나를 그냥 놔둘 것이냐는 질문은 하지 않았다. 그들이 어떤 경우에 포기할 것이냐는 질문도 하지 않았다. 하루는 영국인이 묻지도 않았는데 이런 말을 했다. "우리는 포기하지 않아."

이러한 대화들은 나에게 안도감을 심어주었다. 물론

지하실에서

그 말들은 상투적인 표현들이다. 하지만 상투적인 말도 어쨌든 맞는 경우가 많다. 내가 33일 동안 있는 동안 영국인과 대화한 시간을 총 합해보면, 아마 1시간 정도 될 것이다. 이 짧은 대화들은 대부분 몇 마디 말이 오갔을 뿐이지만, 나의 단조로운 일상에 있어서 오아시스 같은 존재였다. 그 몇 마디 말을 듣고 바깥소식도 들을 수 있었다. 물론 대부분은 듣지 않았으면 좋았을 소식이기도 했다.

내가 반가워했던 것은 소식의 내용이 아니라 대화 자체였다. 그와의 대화는 나에게 하나의 은혜처럼 다가왔다. 과장하는 게 아니라 그것은 정말로 나에게 은혜였다. 나는 그의 목소리를 좋아했다. 호감이 가는 목소리였다. 그 감정을 분석해 보자면 이렇다. 그러한 감정은 불편하지만 나는 그러한 감정을 멀리할 수 없었다. 또한 영어로 얘기하는 것이 좋았다. 영어로 얘기하면 대화 시간이 더 길어진다.

얘기를 걸기 전에 따로 문장을 준비하기도 한다. 영어는 독일어보다 간결하고 비꼬기가 쉽지만 독일어처럼 냉소적이지 않다. 나는 가끔 지하실에서 내가 풀려나

면 사람들에게 어떻게 나를 소개할까를 연습한 적이 있
는데, 그럴 때는 나도 모르는 사이에 영어가 튀어나오곤
했다.

자, 이 현상은 어디까지 갈 것인가? 꽤 멀리까지 간다.
한번은 영국인이 나를 만지거나, 어깨에 손을 얹으면서
나를 위로해야 한다고 생각한 적이 있다. 이런 현상을 글
로 쓴다는 것이 쉽지는 않다. 사람의 목소리가 듣고 싶다
고 해서 아무 목소리나 다 똑같은 것은 아니다. 목소리
는 그렇다 치더라도, 신체 접촉을 바란다는 것은 복종의
한계를 넘은 것으로 보인다. 이때의 권력 관계는 권력의
분산이 아닌, 전지전능한 자와 무력한 자의 대립이며, 무
능한 자가 '권력자'의 신체적인 관심을 구하는 행동이다.
그래서 상상 속의 손이 어깨에 얹히는 극단의 상황이 연
출된다.

대화는 또 다른 양상을 나타낸다. 말은 아이러니하게
만들 수 없다. 자신과의 거리를 두는 문장인 '그것을 소
위 스톡홀름 신드롬이라고 말하는 겁니다'에서 상상 속
의 손 같은 것은 보이지 않는다. 그래서 바로 이 시점이
심리적으로 가장 침체되었던 시기였던 것으로 보인다.

이때는 모든 것을 직설적으로 되받곤 했다. 영국인 쪽에서 가까움을 표현하려고 시도했던 문장인 '당신이 여기를 나가고 싶다면, 우리도 당신을 더 이상 이곳에 붙들어 놓고 싶지 않아요. 우리는 같은 배에 탄 거요'라는 말을 듣고 나는 안도감을 느꼈다(이 악몽을 끝낼 기회가 있겠구나). 하지만 나는 동시에 그들과 거리를 두기 시작했다. 나는 곧바로 대답했다. "그래요, 하지만 그것은 당신들이 한 선택이오."

쇠사슬에 묶여 감금되어 있는 사람에게 자율성이라는 단어는 어울리지 않는 말이다. 하지만 나는 며칠에 한 번 있은 이러한 짧은 대화에서 나의 개인적 의견을 피력할 수 있었던 것을 다행으로 생각한다. 군이 부인하고 싶지는 않다. 그와 짧은 대화를 주고받을 때에는 마치 동료나 친구 사이의 대화 같은 느낌이 들었다. 위에서 언급했듯이 내 아내는 지하실에서의 이러한 에피소드를 듣고 싶지 않아 했다. 남자들 사이에서나 있을 법한 얘기라고 보는 것 같았다. 이는 마치 영화 〈와일드 번치〉를 연출한 샘 페킨파의 이야기 같기도 했다.

내 아내였다면 어떻게 했을까 하는 생각을 지하실에

서는 하지 못했다. 아내나 아들 생각에 미치면 나는 곧 생각이 멈추고 만다. 하루는 영국인이 전화 받은 사람이 아내가 아니고 여자경찰인 것 같다고 얘기하면서 목소리가 어쩌면 그렇게 당당하고 도전적일 수 있냐고 했을 때 나는 마치 그녀의 목소리를 직접 들은 것처럼 기뻤다. 내가 그녀였다면 애원하는 목소리나 사무적인 목소리로 말했을까? 바깥에 있는 사람에게 납치범은 하나의 추상적인 위협이다. 하지만 인질에게 있어서 납치범은 유일한 현실이다. 내 손이 닿는 곳에 있는 유일한 인간인 셈이다.

다음과 같은 생각은 절대로 떨쳐버릴 수 없다. 이 인간은 나의 생명을 좌지우지한다. 두 가지 관점에서 그렇다. 그는 언제든 나를 죽일 수 있다(그가 나를 죽이는 것이 본인에게 조금이라도 유리하다면 지체 없이 죽일 것이다). 그리고 내가 살아있는 한, 나의 생활 조건은 그에게 달려 있다.

석방되고 두 주가 지나서 나는 총살당해 죽는 꿈을 꾸었다. 연설로 나의 생명을 구하려고 했는데 그때 그의 얼굴을 보았다. (영국인의 얼굴이 아니라 다른 사람이었다. 상황도 지하실에서의 실제 상황이 아니라, 또 다른 상황에서 일어난 일이었다) 나는 언제 총살이 되는지는 모르지만 곧 있게 될 상황이었다. 언젠가 게오르크 뷔히너가 쓴 《당통의 죽음》이라는 책을 읽었는데 내 꿈과 비슷한 느낌이었다.

길로틴에 가기 전까지 끔찍하게 죽음의 공포에 시달리다 자살로 이어지는 이야기를 연상시키는 장면이 꿈에 나오고, 곧바로 머리 뒤에서 나를 쏴서 죽이는 꿈이었다. 단 한 방이었고, 통증은 없었고, 두개골이 쪼개지면서 책 위에서 쏟아지며 동시에 다음과 같은 느낌이 들었다. '나는 죽지 않았다. 이 사람이 잘못 쐈어. 이 모든 것이 빨리 끝나도록 한 번 더 쏴주기를.' 두 번째 총소리가 나고, 나는 내가 아직 생각한다고 생각한다. 그리고 그 생각은 점점 작고 조용해지다 사라진다. 그리고 암흑.

지하실에 있을 때 그들이 나를 쏘아 죽였으면 어땠을까 하는 생각을 해본 적이 있다. 나는 그것이 가능하다고 생각했다. 물론 영국인이 "돈만 지불되면 우리는 당신을 죽이지 않을 것이오. 내가 약속하지"라고 말했지만 완전히 믿지는 않았다. 영국인이 숲속에서 나를 보내며 눈의 붕대를 풀고 앞으로 직진해 가라고 얘기했을 때에서야 비로소, '아, 내가 정말로 살아남는구나'라는 생각이 들었다. 하지만 돈 전달이 계속 실패를 거듭했다면 어떻게 됐을까? 그러면 납치범들이 언제쯤 위험하다고 느끼게 될까? 작은 실수들일지라도, 그것들이 쌓이면 점점 위험이 커져서 결국에는 위기가 오게 되리라는 것을 그들은 알고 있었을 것이다.

사람 머리를 총으로 쏘면 얼마나 빨리 죽게 될까? 빠를 것이다. 그래서 나는 내가 죽게 되면 그 방법으로 죽기를 원했다. 그리고 그들이 그 직전에 나에게 말을 해줬으면 하고 바랐다. 너무 일찍 말해서 오랫동안 사형 집행을 기다리고 싶지는 않았지만, 그렇다고 갑자기 당하고 싶지도 않았다. 인생의 마지막 순간을 갑작스럽게 놀라며 끝내고 싶지는 않다.

사형 집행이 불가피하다면, 그 과정에 있어서 최소한의 품위는 유지하고 싶다. 이게 맞는 표현인가? 아니면 최소한의 연출이라고 표현해야 하나? 아니, 죽기 전에 한 마디 하고 싶을 뿐이다. 세상 사람들이 모두 내 말을 들을 것이라고 생각지는 않는다. 납치범들에게 한마디 하고 싶어서도 아니고 남자답게 의연한 태도를 보이고 싶어서도 아니다. 내가 아무리 공포에 떨고 있더라도 그런 바보 같은 생각은 하지 않는다. 나는 그저 내 목소리를 내 귀로 들으며 인생을 마무리하고 싶을 뿐이다. 무기력과 경악으로 가득 찬 종말이 아니라, 약간의 주체성과 자유의지를 지닌 마지막을 맞고 싶을 뿐이다.

하지만 총살은 여러 방법 중의 하나일 따름이다. 내가 맞아 죽을 수도 있다는 생각은 미처 하지 못했다. 그럴 가능성이 의외로 높다는 것을 나중에 알게 되었다. 내가 가장 염두에 두었던 가능성은 그들이 나를 지하실에 내팽개치고 도망가 버리는 경우였다. 그들이 나를 목말라 죽게 하려 했다면, 내가 살아남을 가능성은 거의 제로였다는 것을 나중에 알게 되었다.

납치범들, 또는 영국인은 나의 생명과 죽음만을 결정하는 것이 아니라, 죽음의 방법에 대한 결정권도 갖고 있는 것이다. 나를 빨리 고통 없이 죽게 하거나 아니면 오래 잔인하게 죽이거나. 그리고 그 전에 살아 있는 동안의 생활도 지배한다. 생존 조건을 극한 상황에까지 몰고 갈 수도 있는 것이다. 물론 물과 음식을 주고, 씻을 수 있고, 양치질할 수 있고, 머리 빗고, 화장실에 갈 수 있다. 독서도 하고, 글도 쓰며, 신문을 읽고 가끔은 일의 진척 상황을 들을 수도 있다. 하지만 그들은 지하실의 불을 끄고, 음식을 줄이거나 끊고, 몸을 묶고, 입에 재갈을 물리고, 며칠간 처박아둘 수도 있다.

그리고 그들이 이미 협박한대로 신체의 일부를 절단할 수도 있다. 그들은 즉흥적으로 어떤 일을 저지를 수도 있다. 여태까지 과도한 난폭성을 보이지는 않고 있지만 일이 잘 안되면 언제든지 돌변할 수 있다. 그리고 참가자들이 다 똑같을까? 그들이 두 패로 나뉘어서 '착한 패'가 실패를 할 경우, 다른 패에게 결정권이 넘어갈지도 모른다. 그리고 만약 그들이 내가 편지를 너무 약하게 썼다고 생각한다면? 또는 내 아내의 공포심이 심하지 않다고 느낀다면? 그리고 그들이 스트레스의 출구나 돌파구를 찾는다면? 등등.

그들이 전지전능한 권한을 가지고 나는 아무것도 아니라는 것을 느낄 때 결국 유리병 조각을 집어 드는 수밖에 없다. 하지만 몸을 묶으면 어차피 그것도 불가능하다. 게다가 유리 조각을 모으는 것 자체가 모험이다. 다만 여태까지 지하실을 수색하지 않은 것만도 다행으로 여겨야 한다.

나는 완전 무기력하고, 상대가 나를 좌지우지할 때, 절대 권력이라는 것이 정확히 무엇인가를 자세히 알지 못하는 것을 다행으로 여겨야 한다. 나의 운명은 한마디로 권력자의 손에 달려 있는 것이다. 나의 신상에 아무 일도 일어나지 않으면 더없이 감사해야 한다. 시계를 돌려받았으면 하루를 오전, 오후, 저녁, 밤으로 나눌 수 있는 것에 감사하고, 하루 종일 시간도 모르는 빈 시간을 맨땅에 헤딩하듯 지내야 할 필요가 없다.

그리고 전등, 물, 음식이 있는 것을 고맙게 여겨야 한다. 독서에 대한 요청이 있었을 때 신문뿐만 아니라 책도 많이 구입해준 것, 그리고는 두 번째로 책들이 들어왔을 때는 정말 눈물이 앞을 가릴 정도로 고마웠다. 안도와 감사의 눈물이다. 눈물은 절대 흘리지 않으려고 했다. 눈물은 석방되고 집에 도착해서 아내와 아들을 껴안을 때 흘리려고 했다. 그런데 나를 납치하고, 감금한 사람들이 책이 가득 든 비닐봉지를 들고 나타났다고 눈물을 흘리다니.

지하실에 불이 꺼져 있고 책도 읽을 수 없었다면 그

긴 시간을 어떻게 견뎌낼 수 있었을지 모르겠다. 책이 도착했을 때 나에게 기회가 왔다고 생각했다. 그리고 그들이 책을 사러 갔다 오는 것은 위험을 가져올 수 있는 행위다. 물론 아주 작은 확률이지만. 그럼에도 불구하고 그들은 책을 사다주었다. 왜 그랬을까? 조금 생뚱맞은 말이지만 인간성의 발로인가? 그들은 냉혹한 범죄인이지만 악질은 아니었다고 본다. 그랬다면 나는 육체적, 정신적으로 33일을 견디지 못하고 말았을 것이다. 감사해야 할 일이다.

이러한 감정은 내 안에 자리하고 있는 증오를 배반하며 동시에 자아존중을 포기하는 것이 된다. 이런 사실에 대한 이유를 인식하는 것이 중요하다. 이러한 감정은 미친 것이 아니다. 다만 그 상황이 미쳤다고 보는 게 맞다. 어느 한 편이 모든 권한을 가지고, 다른 편은 완전히 무력한 상황을 말한다. 그리고 동시에 납치범들이 한 짓을 잊어서는 안 된다. 그래서 '우리는 같은 배를 탔다'는 그들의 논리를 반박하고 '하지만 이 일은 당신들이 한 선택이다'라고 되받아친 것이다.

나는 심리의 분열에 직면하게 됐다. 나와 영국인과의

지하실에서

관계가 어떻게 끝나든, 나중에 법정에서 개인적으로는 큰 불만 없이 지냈다고 진술하게 되더라도 그들이 나의 가족에게 했던 일은 결코 용서할 수 없을 것이다. 생각이 지하실에서 집으로 옮겨 가는 순간, 모든 것은 분노로 들끓게 된다.

내가 느낀 감정은 굴욕감이었다. 나에게 일어난 일을 증오하는 능력을 상실한 것에 대한 치욕이라 할 수 있다. 이는 결국 심리적 상처로 남게 된다.

나로서는 이것이 '비교적 견딜 만한 상황'은 아니었다. 지금에 와서 돌아볼 때 당시에 겪었던 불안의 형태를 다시 느끼는 것은 매우 어려운 것이 사실이다. 내가 느끼는 여러 감정들 사이에는 벽이 존재한다. 이 벽은 올라타고 갈 수도 없고, 그 위에서 내려다볼 수도 없다. 하지만 가끔 이 벽이 잠시 사라지는 경우가 있다. 극한의 경험을 되돌아보려거든 바로 그 순간으로 돌아가야 하는데 문제는 그러고 싶지 않다는 데 있다. 절대 지하실로는 돌아가고 싶지 않다.

거기에는 또 다른 요인이 있다. 자신의 불안에 대해 쓰고 싶어도, 그 불안의 원인이 확실하지 않을 경우, 이는 매우 난처하게 된다. 그래서 나중에 아들이 납치 사건을 추적하는 비디오를 보지 못하게 했다. 매우 잔인한 장면이기 때문이다. 아들은 우리 집 앞에서 납치되는 장면에 대한 나름대로의 환상을 가지고 있다. (거기에 묻어 있는 피가 내 피가 아니라 납치범이 흘린 피라고 생각한다) 사실 비디오 장면보다 실제의 장면은 더 처참했다.

나의 납치 사건에 대한 반응은 대략 두 가지로 나타난다. 하나는 지하 감금 상태를 어떻게 견뎌낼 수 있었느냐는 질문이 주류를 이룬다. 또 다른 반응은 피로 범벅되거나 기아 상태에 놓이거나 한 것이 아닌 것을 주목하는 의견이다. 여기에는 주로 〈타츠〉지의 머리기사 제목이 주로 인용된다. '럭셔리 – 납치극'이라고. 거기다 경찰 대변인이 발표한 사건 경위서에 "렘츠마 씨가 문을 노크하면 납치범들이 나타나 그의 소원을 듣곤 했다"라고 설명했다. 처음에 집 앞에서 끌려갈 때 외에는 신체적인 가해를 당하지 않았다는 사실에 일부 사람들은 돈 많고 사회적 지위가 높은 사람은 그런 상황에서도 특별대우를 받는다는 말하기도 했다.

두 번째 반응은 파블로프의 원리로 설명이 가능하다.

첫 번째 질문은 – '어떻게 견뎠느냐' – 그 질문을 뒤집어서 반문하고 싶다. 내가 견뎌냈다는 것은 어떤 것을 말하는 것인지를? '견뎌내다'라는 것은 무엇인지? 그리고 '견디다'와 '견디지 못하다'의 차이점은 무엇인지? 절대적인 무력감에 휩싸인 상황에서는 언젠가 포기하는 시점이 다가온다. 포기하는 사람은 계속하는 사람과는 달리 권력자의 실체를 인식하게 된 경우다. 권력자들은 자신의 희생자가 언제 포기하게 될 것인지를 예측하고 있다.

고문의 경우가 대표적인 예이다(충격적이게도 이 예측이 틀리는 경우가 많다고 한다). 인질극의 경우에는 이러한 규칙이 맞지 않는다고 한다. 인질은 도망가거나 저항할 선택의 자유가 없다. 인질은 다른 사람에게 철저하게 종속되어 있다. 그들의 상황은 그들이 철저히 스스로 만들어낸다. 그들이 무엇을 느끼고, 무엇을 원하고, 어떻게 변하고, 공포에 질려서 소리를 지르거나 이를 악물거나, 머리가 돌거나, 하루에 1만 8,500보를 빙빙 돌거나 아무래도 상관없다. 어떻게 견뎌냈느냐고? '나 같으면 견디지 못했을 거야'라고 확신하는 사람들은 무엇을 상상한 것일까?

아마도 무언가가 끝나리라는 것을 상상했을 테지. 사람은 견딘다. 그리고는 더 이상 견디지 못하는 순간이 온다. 그리고는 자백할 것이 있으면 자백한다. 이를 악물던 사람은 소리를 지른다. 나는 지하실에서 가끔 포기하고 싶은 생각이 들었다. 하지만 포기할 기회도 주어지지 않았다. 나에게 포기할 가능성은 주어지지 않았다. 견디는 수밖에 없었다.

나에게는 선택의 여지가 없었다. 그들은 나에게 다른 사람을 밀고하라고 요구한 적이 없다. 그랬으면 내가 그것을 거부할 수 있었다. 그들은 나에게 신념을 포기하라고 요구하지 않았다. 그랬다면 나는 나의 신념을 꺾지 않을 자유를 누렸을 수도 있다. 유감이다. 나는 스스로를 용감한 사람이라 여기지는 않는다. 오히려 고문 기구를 보여주면 곧바로 포기할 나약한 쪽이라고 생각한다. 하지만 내 문제는 한쪽에 내 목숨이 있고, 다른 한쪽에는 아주 많은 돈이 있는 경우이다. 나는 교환 대상에 불과하고, 나라는 개체는 아무런 역할도 하지 않는다. 그렇기 때문에 내 영혼은 아무런 힘도 발휘할 수 없었다. 내가 복종을 하느냐 콧대 높게 행동을 하느냐, 또는 울며 매달

리느냐 아니냐가 문제가 아닌 것이다. 그것은 물론 나의
자존심에는 문제가 되지만, 그렇다고 해서 그들과의 관
계가 달라지는 것은 아니다.

게다가 그렇게 한다고 해서 내가 풀려나는 것도 아니
다. 좋다, 물론 감시원을 때려눕히는 시도를 할 수는 있
다, 하지만 그러려면 아주 미치지 않고는 할 수가 없다.
나는 쇠사슬에 묶인 상태고, 납치범들은 무기를 가지고
있을 테고, 대부분 둘이서 보초를 선다. 다만 밖에서 아
내나 경찰이 쳐들어와주기를 기대했을 뿐이다. 어쨌든
남이 나를 꺼내주길 기다리는 수밖에 없었다. 내가 할 수
있었던 유일한 조치는 새로운 돈 전달자를 물색해내어
그들을 위험에 노출시키는 일밖에 없었다. 나는 그들의
목숨이 위태로워지는 것을 지켜보는 수밖에 없었다. 그
들에게 감사의 마음뿐 아니라, 수치의 감정까지 느끼고
있었다.

그 느낌은 시간이 지나고 계속 남을 것 같다. 바깥 세
상에 있는 사람들은 별로 느낄 수 없는 치욕과 모욕감을
안에서는 떨쳐버릴 수 없다. 이 납치 사건을 애초에 막
을 수 있는 사전조치를 하지 못한 것조차도 가족에게 미

안함을 느꼈다. 하지만 이런 생각을 너무 많이 해서는
안 될 것이다. 범죄는 저지르는 자에게 책임이 있는 것
이지, 피해자가 책임을 질 일은 아니다. 치욕과 죄책감
에 시달리는 것은 갑작스러운 횡포를 막지 못하고 이에
굴복한 것 때문이다. 그래서 끔찍한 일을 당한 사람들은
자신이 어째서 이런 형벌을 받아야 하는지 억울하다고
호소한다.

갑자기 불행을 당한 사람은 자신의 무기력을 한탄하
며 여태까지 자신의 삶을 의지대로 꾸려왔던 인생을 되
돌아보게 된다. 이런 사고를 겪으면, 마치 운전하다 논두
렁에 차를 처박을 때처럼 당황하게 된다. 그러면 순간마
다 생의 종말이 다가옴을 느끼며 앞으로 맞을 미래의 가
능성을 부인하곤 한다.

그래서 불안을 배우게 된다. 즉 파괴적인 상황을 경
험하는 것뿐만이 아니라, 현실 감각을 가질 수밖에 없다.
아내하고 지난 33일 동안에 벌어진 일을 이야기할 때 우
리 둘이 핵심에 접근하는 방식에 차이점이 있다는 사실
이 드러났다. 내 쪽에서는 생명의 위협을 느끼는, 즉 구
체적으로 행동해야 하는 게 없는 반면, 다른 쪽에서는 피

럽자의 생명과 직접 연결되는 행동을 해야만 하는 위치에 있다. 이렇게 서로 다른 역할을 맡으면서도 우리 둘은 서로 공감하는 기회가 잦았다.

하지만 근본적으로 다른 하나가 있었다. 불안, 무기력, 희망, 기대 등은 모두 지하실 바깥에서 일어나는 사회적 관계와 소통 상황과 연결되어 있다는 점이다. 내 쪽의 상황을 자세히 설명할 때는 13살짜리 아들의 굳은 얼굴 표정이 떠오르며 동시에 내가 하는 일이 잘한 것인지 아닌지가 의심스럽고, 결국은 고독에 휩싸인다.

바로 여기에 차이점이 있다. 지하실 바깥에서의 고독은 다른 사람이 없는 것을 의미하지만 지하실 안에서의 고독은 그것과는 상관이 없다. 아내는 나를 보고 싶어 한다. 하지만 나는 그와 똑같은 감정을 느낄 수 없다. 지하실 바깥세상에는 사회적 의사소통의 접합점이 존재하므로 어떤 파괴 상황이 발생하면 새로운 상황에 적응하면 된다. 하지만 지하실 안에서는 그러한 사회적 의사소통의 관계가 단절되어 있다.

나의 감정은 원래 완전한 '나의' 것이었다. 하지만 지하실에서의 나의 감정은 관계 설정에 의해 규정되지 않는다. 예를 들면 아내는 다른 사람들이나 나에게 없는 사람으로 규정되지 않고, 있는 사람으로 규정된다. 나의 감정은 '세계'와 고립된 지하실 감정으로 남게 된다. 그러므로 내가 가장 두려워하는 것은 이 상황이 계속 진행되는 것이다. 지하실에 오래 감금되어본 적이 없는 사람들이 생각하기에는, 감금된 사람이 가장 두려워하는 것이 신체 절단이나 죽음에 대한 공포라고 생각하는데 그것이 아니다.

4주 반 동안 죽음의 공포. 가장 이해하기 쉬운 대목이 바로 이것이다. 왜냐하면 사람은 누구나 죽음에 대한 공포를 가지고 있기 때문이다. 또한 앞에서 언급한 바와 같이 사망에 대한 공포도 존재한다. 하지만 그것이 최악은 아니다. 납치범들이 제시하는 대로 따라하는 것이 가장 안전한 방법이라고 바깥으로 편지를 쓸 때 나는 그것이 옳은 것인지 확신할 수 없었다.

하지만 무조건 끝내고 싶었다. 이는 마치 로또 복권과 같은 게임이다. 무조건 배팅하는 것이다. 꽝이면 꽝이고, 아니면 아니고. 몇 주를 더 이렇게 끌려 다니며 살아가느니, 차라리 지금 당장 총에 맞아 죽는 게 낫다는 생각이

든 게 한두 번이 아니었다. 몇 달 또는 몇 년을 기다리든 가, 죽음을 택하든가 둘 중 양자택일을 하라고 하면 나는 결정할 수 있다. (종말을 예측하고 기다리는 것) 그러면 스스로를 다스리며 고난을 견뎌낼 수 있다. 나를 위해서가 아니면 가족을 위해서라도.

하지만 지하실에서는 그런 상황이 아니었다. 물론 이런 비슷한 경험을 하지 않은 사람을 납득시키기는 어려운 관점이긴 하다. 가장 끔찍했던 사실은 내가 아무것도 할 수 없고, 철저히 무능하다는 점이다. 인간으로서 나의 존재는 철저히 부정되었다. 죽기 전에 죽음이 예고되면 유언을 통해 죽음 이후에도 내가 '존재'하게 된다. 하지만 철저히 무력한 자는 살아서도 '존재'하지 않는다. 게다가 나는 내가 있는 곳조차 알지 못하고 있다. 나는 한마디로 어디론가 사라진 것이다.

바깥에 있는 사람들이 나를 어떻게 떠올리겠는가? 어떤 조건에 있는지 알겠는가? 나는 그들의 상상력을 돋우어주고 싶다. 하지만 불가능하다. 내가 마치 '짐승처럼' 지하실에서 살았다고 한 신문이 나중에 보도했다. 나와 비슷한 것을 경험한 사람은 나의 말을 잘 이해할 수 있을 것이다. 그렇지 않은 사람은 내 말을 잘 기억해두기 바란다. 이러한 경험은 일상에서 부딪히곤 하는 불운과 비교하곤 하는데 '이런저런 일들이 있는데 그보다 더 나쁜 경우다'가 아니다. 그것과는 전혀 '다른' 경우다.

나중에 어떤 시민이 보낸 편지에서 내가 그런 상황에서도 '인격체'로 남을 수 있었다는 점이 대단한 것이라고 칭찬해주었다. 그 칭찬을 부정하는 것은 겸손해서가 아니라 지하실에서의 나를 성찰해본 결과에서 나온 것이다.

납치범들이 들여보내준 책 중에서 아우구스티누스의 이런 말이 나온다. '밖으로 나가지 말라, 네 안으로 들어가라. 인간의 내면에 진리가 숨어 있다. 그리고 네가 너의 본성을 인식하고 나면 그때는 너 자신도 넘어서라.' 그 속에는 이런 오해가 숨겨져 있다. 인간의 영혼 속에는 핵심이라고 추정되는 어떤 것이 있는데 사람들은 이를 '자아'라고 부른다. 일생을 통해 철저하게 시종일관 지니고 있는 그것이 있다. 흐르는 물에서 똑같은 물에 두 번 발을 담글 수는 없지만 거기 서 있는 사람은 같은 사람이다.

그런데 왜 똑같은 사람인가? 극한 상황에서 이 자아가 시험대에 오르게 된다. 정신과 육체가 학대를 당하면 생채기가 나기 마련이다. 하지만 사람들은 '그 사람은 그럼에도 불구하고 예전의 그를 잃지 않았다!'라고 말한다. 그러한 자아는 '참을성'과도 관련이 있는 것으로 간주된다. '그것'이 어떤 것이든 참아내고 인격의 핵심은 상처를 입지 않고 남아 있다. 지하실을 나올 때 마치 영국 장교인 데이비드 니븐이 일본 포로수용소를 빠져나올 때처럼 예전의 그 사람 그대로. 박수!

서양 철학은 - 여기서 다루지는 않겠지만 - 이 문제를 끊임없이 다루고 있다. 자아를 찾은 나는 내면의 핵심을 묻고, 세상이 아무리 어지럽고 불안하더라도 나가서 환멸을 느끼게 될지라도, 어떤 확실하고 믿을 만한 무엇이 있다. 즉 자아가 있다. 자아 안은 너무 산만하고, 변화무쌍하다. 흥미 있는 것은 이러한 소견이 아우구스티누스가 지적했듯이 안전장치가 없는 인간이 얼마나 신에 귀의하게 되는가를 말해준다. 아우구스티누스가 '하나님의 도성'이라고 말하는 공동체란 그러한 강한 성으로서

로마는 거기에 속하지 않고 플라톤의 '국가'도 해당될 수 없었다.

데카르트는 아우구스티누스의 질문을 다시 언급하며 다르게 대답한다. 데카르트에게 자아란 모든 것의 출발점이다. 그리하여 데카르트는 유럽 철학의 주류로 발돋움했으며 그의 전후에 활동하던 자유사상가들은 - 몽테뉴와 데이비드 흄 - 비주류로 남게 된다. 만약에 내가 철학적인 지형을 그리지 않고 지하실에서 나의 감정을 대비하자면, 데카르트적인 구도는 맞지 않다고 고백하고 싶다. (공교롭게도 내가 지하실에 있는 동안 데카르트의 400주년 기념일이 있었는데, 이와 관련된 논평이 몇 편 신문에 실렸지만 모두 마땅치 않았다) 내가 지하실에서 책을 읽거나 글을 쓰는 때를 제외하고는 항상 감정에 휩싸여 있었다. 이를 그림으로 표현하자면 폭풍 속에 떠 있는 한 조각의 배를 떠올릴 수 있다. 나는 나의 뜻대로 되지 않았다.

단수 일인칭을 사용할 수 있는 사람이 가지고 있는 감정, 그것을 뒤에 뭐라고 부르든지 이러한 순수성, 신성성 또는 권위는 외부 세계와 복잡한 관계를 맺고 있다. 그러기 위해서는 사회적 관계가 형성되어야 한다. 즉 어떤 것에 대한 최소한의 재량을 지녀야 한다. 그래서 권력을 대표하는 사람과의 소통은 굴욕적인 잠재력을 지닌다. 식량을 몰래 숨겨놓는다든지, 쇠사슬을 이리저리 바꿔본다든지 하게 되는 것이다. 이러한 것과 연결된 것이 자살에 관한 연상인데 이는 완벽한 승리를 뜻한다. 이러한 생각은 유럽에서 태어나고 성장한 인격구조의 매커니즘이다. '나는'이라고 말을 시작할 수 있는 개체는 자신이 필요로 하는 사회적 공간이 결여되었을 때 존재적 어려움에 봉착하게 된다.

내적 사유와 판단은 외적 세계의 기준을 필요로 한다. 이 문장은 비트겐슈타인이 한 말로써 다른 사람의 감정을 이해하는 데만 필요로 하는 것이 아니라, 자신에게도 통용되는 말이다. 물론 이 외적 세계의 기준은 아우구스티누스적인 신과 연결될 수 있으며 이는 가상의 형이상학 세계가 될 수 있다. 사람들은 성공적으로 속임수를 쓸수 있다. 나는 지하실에서 그것을 한정된 범위에서 할 수 있었다. 쇠사슬에 묶인 나의 상황을 '지하실 정체성'이라고 포장해 나 자신을 순교자로 둔갑시킬 수는 없었다. 나는 돈 때문에 지하실에 감금됐고, 돈 자체는 정체성 설정에 도움이 되지 않으며, 모욕적이고 파괴적인 상황에 동원되곤 하는 숭고한 감정을 불러일으키지도 않는다. 내가 정치적인 이유로 납치가 되었다면 이와는 다르게 행동했을 것이다. 그랬다면 더 위험하고, 더 잔인하고, 더 고통스러웠을 것이다.

아무튼 이와는 아주 달랐을 것이다. 이를 사르트르 식으로 표현하자면 나는 나의 내재성 때문이 아니라, 초월성 때문에 지하실에 갇히게 되었다고. 나중에 나의 기사가 신문에 날 때는 제목이 '담배 회사 유산 상속자'로 나를 간단히 칭하곤 했는데 이는 나를 충분히 소개하지 못하는 처사이다. 하지만 나는 3억 유로라는 거금의 후원자로서 납치된 것이다.

내가 나 자신의 생존만을 염두에 두었다면 사태는 달랐을 것이다. 나는 수류탄 얘기를 듣고, 엄청난 의무감에 휩싸였다. 나는 아들을 고아로 만들고 싶지 않았다. 하지만 내가 할 수 있는 것이라곤 아무것도 없었다. 칸트가 '너는 해야만 하기 때문에 할 수 있다'라고 말했듯이 나는 납치범들에게 나 자신을 돈 전달자로 써달라는 미친 계획을 세우기까지 했다. 하지만 이 계획은 자포자기의 심정에서 나온 것이지 납치범들이 환영할 가능성은 전혀 없었다는 것을 밝혀둔다.

나는 성공 가능성이 제로에 가까울지라도, 어떻게든 무슨 계획이라도 있어야 하는 게 아니냐는 심정이었다. 이 계획을 세웠을 때 나는 이미 제정신이 아니었던 것 같다. 이런 나를 외부 사람들이 봤다면 미쳤다면서 정신 감정에 맡겼을 것이다. 그래, 내가 미쳐 가고 있는지도 모르지. 그게 어때서. 내가 바깥으로 나가면 그렇게들 얘기하겠지.

하지만 내가 밖으로 나갈 수가 있겠어? 개체의 핵심이라는 이미지는 내가 느끼는 것과는 상관없었다. 내가 느끼는 감정들은 오히려 텅 빈 공간의 이미지다. 감정들은 왔다가, 머물렀다가, 가고 또 다른 감정이 대체된다. 어떤 것이 보존되고 유지되어야 하는 저항의 장소는 어디에도 없었다.

사고는 이와는 달랐다. 항상은 아니지만, 대부분 질서 있게 생각했다. (생각할 수 없다고 여겨지는 경우에도) 사고는 무엇보다 특정한 생각과 상상을 피할 수 있다. 예를 들면 아내가 집 앞의 수류탄에 의해 죽는 생각은 곧바로 떨쳐버리곤 했다. 집 생각은 전혀 하지 않았다. 그 경계에까지 간 적은 있다. 내가 집에 도착해서 벨을 누르는 장면을 생각한 적이 있다. 아내가 문을 열고 아들을 부르는 소리까지, 그리고는 생각이 멈췄다.

이 상황으로 들어가면 고통과 불행의 늪에 빠져, 더 이상 빠져나올 수 없을 것 같았다. 잠은 되도록 늦게 잤다. 피곤에 지쳐야 끝없이 이어지는 생각들을 제치고 잠들 수 있었기 때문이다. 잠들기 위해 자꾸 걸어가는 생각을 했다. 실시간으로 한 발짝 한 발짝씩. 그런데 자꾸 실제 걸음보다 빨라진다. (실제로 걷기보다 살짝 날아가는 느낌) 그러면 처음부터 다시 걷는다. 아니면 친구나 제자들과 같이 걸으면서 일정한 주제로 이야기하며 실제로 존재하는 산책길을 걷는다. 이 모든 것이 제대로 되는 날은 이런저런 생각을 떨쳐버리고 잠이 들게 된다.

생각을 딴 곳으로 털어버리는 데에는 성적 판타지만큼 좋은 것이 없다. 하지만 이러한 지하실 상황에서는 그것이 제한적이 될 수밖에 없다. 일단 이에 대한 자아 벽이 높기 때문이고, 또 다른 이유는 별로 그럴 기분이 나지 않았기 때문이다. 이 영역은 꿈에서도 별로 활성화 되지 않았다. 여기서 지하실과 감옥의 차이점이 뚜렷이 나타난다. 나에게 무엇이 부족해서 그런 것이 아니라, 내가 한마디로 없다는 것이 문제인 것이다. 나의 육체는 내가 석방될 경우를 생각해서라도 유지가 되어야 하는데 그렇지 못했다.

이 이중성은 한쪽에는 '내가' 있고 다른 한쪽에는 나의 '육체'가 있는데 지하실에서 시작되어 지하실 바깥까지 연결되었다. 석방 후 수 주가 지난 후에도 나는 주위 환경에 적응하지 못하는 경험이 자주 있었다. 어떤 보호받는다는 감정을 느끼려면 이성적으로 생각하는 것이 아니라 상대방이 껴안거나 해야 느낄 수 있었다. 즉 외부의 힘이 내 신체에 느껴져야만 그렇게 느끼게 되었다. 그런 점에서 이 말은 옳았다. '내적인 과정이 외부의 기준을 필요로 한다'는 것을.

이러한 자기 분열 속에서 내적인 자아가 나타난다. '나'와 '육체'. 하지만 그것이 그냥 '있는' 것이 아니라 찾아야 하는데, 찾으려면 또 없다. 이 자아는 스스로 하나의 구조이다. 이 구조를 '가지는' 것이 전제 조건이 아니라, 그 성과의 결과물인 것이다. 납치 첫 날에 나는 아주 이상한 경험을 했다. 납치범이 놓고 간 편지를 안경이 없어서 겨우 읽고 아내와 재정 관리인의 주소와 전화번호를 적었다. '경비인' 질문에는 대답을 적지 않았다. 우리 집에는 경비인이 따로 없었기 때문이다.

그리고는 잠을 자려고 누웠다. 그러다 갑자기 생각이 나서 설명을 덧붙여 쓰기로 했다. 납치범들이 우리 집을 염탐할 때 정원사를 본 것이 아닌가 하는 생각이 들었다. 그래서 반 년 전에 정원사가 은퇴하고 새로 젊은 정원사가 왔다고 적었다. 두 사람 다 연결해봐야 소용없다고 적었는데 왜냐하면 그들은 즉시 아내나 사무실에 물어볼 것이 틀림없을 것이기 때문이다.

이 두어 문장을 적고나니 갑자기 충격과 불안, 공포가 밀려왔다. 마치 도취 상태인 것 같은 증상이었다. 마치 약을 먹고 약기운에 취한 것 같은 상태가 되었다. 단지 몇 문장을 썼을 뿐인데. 별거 아닌 것 같은 것일지라도 수동적인 상황에서 벗어나 내가 무엇을 했다는 것이 중요하다. 중요한 일이 아니라도 어떤 책임질 일을 했다는 데에 방점을 두었다. 나는 자아를 찾은 것이 아니라, 자아라는 느낌을 다시 불러왔다.

지하실에서

나는 매일 글을 썼다. 많이는 아니지만 규칙적으로 썼다. 누구에게 전달하는 편지가 아니라, 그때 그때 떠오르는 느낌이나 생각을 적은 일기이다. 이 일기를 가지고 무엇을 변화시킬 수 있는 것은 아니었다. 하지만 그로 인해 나를 객관화시킬 수 있었다.

'벌써 저녁 8시인데 아무도 나타나지 않는다. 아무 소리도 들리지 않는다. 다시 불안이 덮쳐온다. 이제 내가 여기에 버려지는 순간이 오는가 보다. 얼마나 더 노크 소리를 기다려야 하나? 8시 30분이다. 불안은 점점 커진다. 어제보다 더 심하다.' 일기는 주로 이런 종류의 문장들로 적혀 있다. 아니면 문장이 아닌 단어들만 나열되기도 한다. '영국인 화나다: 경찰이 깔렸다. 영국인 허깨비를 본거 아니야? 이런 환각을 막아주는 방도가 어디 없을까? 없다. 이 생각은 더 이상 하지 말자! 그래봤자 공포만 더 심해지니까.' 그 옆에 적은 메모, '9시 아침식사(크레타 인). 씻었다. 11시 30분까지 낮잠. 오늘도 신문이 없군. (영국인이 없나? 좋은 징조다. 무언가 새로운 계획을 짜고 있나?). 벽굽혀펴기 40번 하다. 오늘 새로운 소식이 오나? 안 온다. 기대하지 말 것.'

불안은 글로 쓴다고 해서 없어지는 것이 아니다. 글을 쓴다고 해서 일의 핵심이 확인되는 것은 아니다. 왜냐하면 핵심이 없으니까. 하지만 한 장의 종이도 기록의 장소가 될 수 있다. 한 장의 종이가 내 자아의 장소가 되는 것이다. 나는 말 그대로 초탈한 것이다.

'집에서'라는 단어를 적을 수가 없었다. 한번 그랬는데 결과가 끔찍했다. 생각을 다듬으려 해도 도저히 되지가 않았다. 그래서 'ㅈ'이라고 줄여서 썼다. 그러다가 점점 거리가 좁혀졌다. 어느 날 나는 아내와 아들의 이름을 제대로 적을 수 있게 되었다.

내가 쓴 글은 내면의 독백 형태로 40쪽이 빼곡히 쓰여졌다. 중간 중간에 종이를 더 달라고 했고 볼펜도 더 달라고 요청했다. 나는 이 글들을 나중에 가지고 나갈 수 없을 것을 알았다. 물론 그들이 그것을 허락해주기를 바라기는 했다. 몰래 원고를 밖으로 가져나가는 방법을 연구하기도 했는데, 이를 시도하지 않은 것은 잘한 일이었다. 왜냐하면 마지막 날에 영국인이 지하실에서 끌어낼 때 몸수색을 했기 때문이다. 나는 지하실에서 나의 인격체의 일부를 잃었다.

나는 다른 것을 쓰려고 시도했다. 일종의 소설을, 이는 내가 항상 쓰고 싶었던 것이다. 프란시스코 고야의 〈축제 날의 산 이시드로 초원〉이라는 그림을 분석하는 부분이 있는데 일이 더 이상 진척되지 않고 있었다. (매일 프라도 미술관 도록집에서 이 그림을 펼쳐놓고 있었는데, 그때마다 거대한 감정의 소용돌이 속에서 순수한 형태의 환희를 느끼곤 했다) 여기에 대해 두 편의 논문을 쓰려고 계획한 바 있으나, 곧바로 중지하게 되었다. 갑자기 모든 것이 중요하지 않다는 생각이 들어서다. 이 논문들의 주제는 세상에 속한 것이고, 나는 더 이상 그 세상에 속해 있지 않다는 사실을 주지했기 때문이다. 한 편의 논문에 집중하는 것보다 이렇게 두 편의 논문을 왔다 갔다 하는 것이 더 재미있고 시간도 빨리 가서 좋았다. 안 그러면 크리스토프 마틴 비란트의 계몽주의 개념에만 매달려야 했을 것이다.

하지만 이런 것이 우스꽝스러운 짓거리로 여겨졌다. 그게 무슨 소리냐? 이런 논문을 쓰는 게 내 인생의 보람이 아니었는가(앞으로도 그럴 것이다). 그리고 타자기 앞에 앉아 작업하는 시간이 가장 즐거운 시간이 아니었는가. 하지만 이제는 그렇게 되지 않는다. 일단 단어가 떠오르지 않고, 생각도 막혀버리고, 꼭 들어맞는 문구를 찾는다는 것이 무리였다. 나는 논문들을 쓰고 싶었다. 하지만 그게 되지 않았다.

다른 한 편으로는 폭력과 그의 결과에 대해서 많은 것을 알게 되었다. 공교롭게도 이 분야는 내가 함부르크 사회연구소에서 연구하던 테마였다. 나는 격리 감금에 대해서 많이 읽어서 지금의 상황이 그리 낯설지는 않았다. 지하실에는 전등불이 있었지만 항상 같은 불이거나 아주 깜깜한 어둠이거나 했다. 아주 깜깜한 어둠은 조금 지나면 그렇게 깜깜하지 않다. 나중에는 희미하게 불빛도 보이고, 색깔을 띤 둥근 선도 보이고, 언뜻언뜻 섬광도 비친다.

감각이 전혀 없는 상태의 감각 중추는 제멋대로 채운 감각의 공간을 지닌다. 불이 켜 있을 때는 가끔 획 하고 눈앞을 스쳐가는 무엇이 있곤 했다. 불이 꺼지면 환기장치의 소음이 들리는데, 이 소리가 마치 슬로우 모션으로 갈라지는 듯 들린다. 아니면 음악처럼 들린다. 이것이 모두 내가 상상한 것이라는 생각만 없었더라면, 이 소리는 나를 매우 안정시켰을 것이다.

지하실에서

끔찍한 소리는 납치범의 노크 소리였다. 항상 이 소리를 기다렸으면서도 노크 소리는 들을 때마다 나를 놀라게 했다. 그것은 권력의 신호였으며, 무기력 상태에서의 이는 항상 나쁜 것을 의미했다. 나는 거의 매일 밤이 노크 소리에 기겁했다. 그리고 자동적으로 "네! 예스! Come in!"을 외쳤다. 지하실에 있을 때 나중에 석방이되어도 매일 밤 이 노크 소리가 환청으로 들릴 것이라고생각했다. 하지만 그렇지 않았다. 석방 후 첫 주에는 그런 소리가 들리지 않았다. 하지만 시간이 얼마 지나자 이런 현상이 나타나기 시작했다.

하나, 둘, 셋 하면 그에 따르는 모든 부수 현상이 나타나기 시작한다. 심장 박동이 빨라지고, 몸이 경직되고, 불안이 고조된다. 실제로 누가 노크하면 그런 현상이 되풀이되곤 했다. 깊이 잠든 밤에 창문의 덧문이 바람에 살짝 부딪히는 소리에 깜짝 놀라 소스라치게 깨어난 적도있다.

이러한 현상은 기이한 것도 아니고, 놀랄 만한 일도아니다. 대부분 사람들이 이런 경험을 가지고 있다. ('그날 이후로 나는 딸기푸딩을 못 먹어요' 등등) 하지만 다른 것은 짚고 넘어가고 싶다. 《천일야화》에 나오는 신드바드의 호리병 귀신 이야기다. 병 속에 갇혀 살던 귀신은 처음 천 년 동안은 자기를 병에서 꺼내주는 사람에게 엄청난 보물을 선사할 것이라고 다짐했는데, 이제는 그런 사람을 만나면 죽이겠다고 했다.

지하실에 있을 때 나는 호리병 귀신을 이해할 수 있을 것 같았다. 어느 순간이 지나면 나도 나의 석방을 더 이상 진실로 기뻐하지 않을 것 같았다. 기뻐하는 능력이 상실되었기 때문이다. 하지만 그것은 어느 한 편에 지나지 않는다. 다른 한 편으로는 호리병 귀신이나 나나 더 이상 세상과의 간격을 좁힐 수 없기 때문이다. 복수를 하겠다는 게 아니다. 다만 짐을 더 이상 지고 싶지 않다.

왜냐하면 짐을 지는 능력을 상실했기 때문이다. 물론 이런 말은 약간 유치하기도 하다. 겨우 33일 동안 불편을 겪고, 불안했을 뿐이지 않은가. 몇 년이 걸린 것도 아니고, 고문을 당한 것도 아니지 않은가. 그럼에도 불구하고 나는 호리병 귀신을 이해하는 정도가 아니라 그 수위를 넘어섰다. 나는 석방되어 집으로 가게 되면 자살을 하려고 했다. 그렇게 하지 않는 것은 가족 때문이었다.

극심한 정신적 육체적 고통을 겪은 사람들 중 많은 경우가 회복이 된 다음에 - 아니면 몇 년 후에 - 자살한 사실이 있다. 나는 이런 사람들을 이해할 수 있을 것 같다. 똑같은 일을 다시 겪지 않는 유일한 수단은 - 스스로 선택한 - 죽음밖에 없다고 생각한 것이다. 나는 이런 일이 다시 일어나지 않는다는 보장이 없다고 본다. 자연사를 하게 될 경우, 이런 일이 반복되지 않으리라는 보장이 없기 때문에 그러한 공포에서 벗어나는 길은 자살밖에 없다는 결론을 내리게 된다.

나는 3월 25일에 납치되었다. 4월 24일에는 돈 전달이 성공했고 4월 26일 밤에 석방됐다. 한 달이 채 지나기 전에 경찰은 지하실을 찾아냈다. 언론이 경찰을 계속 추적하고 있었기 때문에 이 사실은 비밀에 부쳐지지 않고 공개되었다. 같은 날 나는 편지 한 통을 받았다. 에곤-에르빈-키쉬 재단에서 수여하는 신문보도상을 수상하게 되었다는 초청장이었다. 아내로부터 사진 게재권을 이양 받은 슈프링어 출판사와 공동으로 그루너&야르 출판사의 대표인 풍크 박사의 사인이 들어 있었다.

TV에 나오는 경찰청 기자회견을 바라보면서 나는 기

뻐하려고 노력했다. '기뻐하려무나! 경찰이 지하실을 찾아냈단다. 물론 직접 가서 맞는 곳인지를 확인할 수 있겠지.' 내가 33일 동안 묶여 있던 공간은 세상 밖에 있지 않고, 어느 집에 속해 있고 주소도 있었다. 이제 납치범들의 공개 수배가 시작되었다. 그들 중 둘의 얼굴과 이름이 공개됐다. 이제 나는 어느 정도 명예를 회복한 것 같았다. 내가 문을 두드리기만 하면 납치범들이 나타나서 내 소원을 들어줘서 '럭셔리-납치극'이라는 소리까지 들은 나로서는 보상을 얻은 셈이다. 그런데도 나는 기쁘지가 않았다.

그리고 풍크 박사의 편지가 나오고, 납치 당시 사진이 공개되었다. 아내는 사생활 보호 차원에서 사진을 공개하지 않으려 했다. 나는 아무래도 상관없었다. 얻어 터져서 얼굴이 팅팅 붓고 피가 낭자한 사진이면 어떠랴. 보도 사진에 지나지 않는다. 어차피 그 사진은 내가 아닌 것이다. 하지만 두 번째 사진이 공개되고 나서는 나도 상처를 받게 되었다. '비포-애프터' 사진이 나란히 붙은 것이다. 게다가 내가 거기에 설명을 달아서 말해야 하는 상황이었다.

지하실에서

바로 그때 그 일이 벌어졌다. 내가 갑자기 지하실로 순간이동을 한 것이다. 그때의 감정이 되살아났다. 그것을 어떻게 표현할 수 있을까? 마비 상태, 생의 소멸, 감정의 퇴색, 디프레션의 저점, 신경과민, 극도의 긴장 상태, 이 모든 것이 한데 뒤섞여 있었다. 절망과 희망이 복합적으로 재현됐다. 거기다가 지하실에는 아직도 죽음의 공포가 존재하고 있었다. 이로 인한 신경과민은 점점 심해져서 일종의 마비 상태를 이루었다.

'안 돼, 더 이상 참을 수 없어!'라는 생각만이 머리를 가득 채웠다. 그러자 나는 갑자기 걸음을 걷기 시작했다. 세 발자국 갔다가, 세 발자국 다시 오고, 하나, 둘, 셋, 넷, 다섯, 여섯, 일곱, 여덟, 아홉, 열, 백, 이백, 삼백, 사백 ─ 아, 아무도 이걸 보지 않았으면 좋겠다. 차라리 지금 기절해버렸으면 좋겠다.

이런 나를 누가 이해하겠는가? 내 아내는 나를 이해한다. 나는 갑자기 문소리가 나는 것을 들었다. 왔다 갔다 걷는 것을 멈췄다. 아내에게 뭐라고 설명할 수도 없었다. 아내가 나를 보고, 그냥 상태가 안 좋구나, 라고 생각하기를 바랐다. 아내는 나를 보고, 나를 이해했다. 나는 갑자기 울음을 터뜨렸다. 그리고 세상 모든 사람에게 외치고 싶었던 말을 꺼냈다. "끔찍했어요, 정말 끔찍했어요!"라고. 하지만 도움이 되진 않았다. 아내는 옆에 앉아서 내 어깨에 손을 얹었다. '그게 다야? 왜 나를 좀 더 도와주지 않아?' 나는 엄마의 위로를 받고 싶은 어린이의 심정이 되었다. '여기, 여기 봐. 걔네들이 나 여기 아프게 했어, 나 안아줘!' 아내는 나를 도와줄 수 없었다. 그녀는 나를 이해하기 때문에 나를 도와줄 수 없다는 것을 알고 있다. 나도 그러는 그녀를 이해한다. 그녀도 그 감정을 잘 안다. 알기 때문에 그저 옆에 앉아서 서로의 감정에 격리된 채, 손만 연결하고 있는 것이다.

지나간 것은 없다. 아니, 지나갈 수가 없다. 세상은 순간순간마다 무너질 수 있다. 그것이 33일의 진실이다. "당신은 앞으로 인생을 열 배 더 즐기게 될 거요!"라고 영국인은 나에게 말했다. 이런 야만스러운 언동의 대가로 그가 감옥에서 썩기를 바란다. 그런 말을 함으로써 그는 우리 세 사람에게 깊은 상처를 주었다. 그리고 감정이 내게 남아 있는 한 나는 그를 증오할 것이다.

33일간의 지하실 생활이 나의 의식을 황폐화시킨 것

은 당연한 일이다. 하루하루가 우울한 날이었다. 무기력, 무능, 무언가에 대한 기대(그리고 매일 침착성을 잃지 않으려고 무진장 노력한 것). 갑작스런 소음에 소스라치게 경기를 느끼거나 엄청나게 분노하는 하루하루. 아무것도 아닌 일에 신경과민 반응을 일으키는 것 모두가 정상이 아니었다.

주위 사람들은 이를 인식하고 있다. 그리고 참을성 있게 기다려준다. 하지만 그것도 어느 정도이다. 시간이 지나면 그들도 힘들어한다. 행동 적응 전략을 잘 지켜서 정상으로 돌아오려고 노력한다. 그런 노력이 점차 인정을 얻고, 극단적인 행동은 사라진다. 차차 적응이 되는 것이다. 하지만 어느 순간 다시 딴 세상으로 돌아가 있는 자신을 발견하곤 한다.

갑자기 지하실로 이동하는 것이다. 어떤 특정한 자극이 오면, 급속히 좌절 모드로 돌아가고, 그런 일이 축적되기도 한다. 나는 납치범에 대한 어떤 소식도 가급적 듣지 않으려고 한다. 듣기가 싫은 것이다. 이런 파국은 〈함부르거 모르겐포스트〉지의 한 기사에서 그 정점을 이룬다. 납치범 중 한 명인 토마스 드라하가 사망했을 가능성이 있다는 기사였다. 만약 그가 정말 죽었으면, 나머지 납치범들은 모든 죄를 죽은 사람에게 뒤집어씌워서 결국 이 사건의 전말이 제대로 밝혀지지 않을 가능성이 크다. 그리고 정보 제공자도 신문에서 밝히지 않은 상태였다.

거기에다 사진이 실렸다. 드라하가 여자친구와 휴가를 보내는 사진이다. 글쎄, 뭐라고 해야 할지. 나는 우선 사진을 보고 싶지 않았다. 영국인의 얼굴이 어떻게 생겼는지 보고 싶은 호기심이 일지 않았다. 나는 조롱을 당한 기분이 들었다. 그가 휴가를 보내고 있다니, 이것은 분명히 조롱이다. 한때 내 인생에서 가장 큰 의미를 지녔던 사람이 이렇게 신문의 한 면에 사진으로 내 손에 넘겨지다니.

그의 사진을 제공한 밀고자는 돈을 좀 받았겠지. 신문사도 돈을 꽤 벌었을 것이다. 그리고는 우연히 이런 편지가 도착한다. '우리의 학회 일정은 더 이상 기다릴 수 없습니다.' 더 이상 기다릴 수 없다. 지하실에서 나도 그런 말을 중얼거렸지. '나는 더 이상 기다릴 수 없다'고.

나는 편지를 대충 훑어봤다. 신문에 난 사진과 묘하게

오버랩되었다. 나의 건강 상태는 날로 나빠졌는데 나는 그것을 모르고 있었다. 어느 날 전화 통화를 하는데 갑자기 몸이 무너지는 것 같아서 전화기를 잡고서 떨어뜨리지 않으려고 애를 쓴 적이 있었다. 신경을 딴 쪽으로 돌리기 위해 신문 읽기에 몰입하기로 했다. 지하실에서 하던 대로 했다. 글자를 하나하나 읽어내려 갔으나 전혀 흥미를 느끼지 못했다. 그러다가 신문을 내려놓고 울기 시작했다. 격렬하거나 절망적인 울음은 아니었다. 몇 방울의 눈물이 떨어졌을 뿐이었다. 그리고는 그냥 앉아 있었다. 그럴 수밖에 다른 방도가 없었다.

우는 것도 제대로 못하는구나. 그리고는 깊이 생각에 잠겼다. 생각을 전환하기로 했다. 지하실도 아니니까 나에게는 허가된 영역이 넓지 않은가. 그래, 드라하 사진을 확대 복사하자. 그리고 이럴 때마다 그 얼굴에 총을 쏘자. 하지만 그런 짓도 곧 시들해지리라는 생각이 들었다. 드라하가 잡혀 와서 내 앞에 있다면 하고 상상을 해보았다. 그리고는 다시 환상에서 깨어났다. 그래서 그가 내일 죽어서 그의 머리를 내 앞에 갖다 준다고 해서 내가 얻는 게 무엇인가.

내가 개인적으로 합법적 테두리 안에서 그에게 할 수 있는 것은 별로 없다. 내가 문명의 탈을 벗어버리지 않는 한. 결론은 그가 법정에 서야 한다는 것이다. 증오에 대한 그 외의 다른 보상은 없다. 아, 이 마지막 대척점마저 지하실 시절은 나에게 허락하지 않는구나.

누가 나에게 나쁜 짓을 했을 경우 나는 복수할 수 있다. 그것 자체는 나무랄 것이 없다. 복수가 때로는 치료 역할을 할 수 있다. 하지만 그렇지 않을 때도 있다. 문명 사회의 관점에서 볼 때 복수는 허용되지 않는다. 왜냐하면 이를 허용할 경우 점점 확대되어 제어하기가 어렵기 때문이다.

범죄는 처벌한다. 위협 수단의 효과를 위해서다. 또 다른 이유로는 불법의 기준을 세우기 위해서이다. 금지된 행위를 할 경우 이를 제재하지 않으면 금지 자체가 존치할 수 없기 때문이다. (형벌의 응보적 기능은 여기서 다루지 않겠다. 그것은 무의미하고, 근본적으로 야만적이다) 형법 이론이 적용되지 않는 영역이 있는데, 그것은 피해자이다.

형벌은 피해자에게도 큰 의미를 지닌다. 그들의 복수심을 채워주기 때문이 아니다. 어차피 그렇게는 안 된다.

그보다 사회가 피해자와의 연대를 시위하고 있기 때문이다. 형벌은 범죄자를 배제하고, 피해자를 끌어안는다. 범죄자에 대한 형벌은 마치 많은 사람들이 피해자에게 따뜻한 편지를 보내며 말한다. "돌아온 것을 환영합니다"라고.

이러한 환영사는 피해자가 살아가는 데 있어서 정신적인 지주가 된다. 나는 – 여러 에피소드가 있긴 했지만 – 그런 면에서 운이 좋았다. 나에게 직접 말로써 위로해 주거나 편지를 보내준 분들께 이 자리를 빌어서 감사를 드리고 싶다. 하지만 사람들의 이러한 제스처가 성공할 때가 있고, 그렇지 않을 때가 있다. 정도를 넘어서는 위로는 때로 부담이 될 수도 있다. 때와 장소에 맞는 적절한 말이 관건이 될 수 있다는 말이다.

석방된 지 한 달밖에 지나지 않은 시점에 학회가 열렸고, 사람들은 내 사건을 다루는 것을 보류했다. 우연히도 그날 토마스 드라하의 지명수배 공고가 떴다. 그의 얼굴과 이름이 나타났다. 그가 마지막으로 목격된 곳은 쾰른이었고, 그의 형이 돈 세탁 혐의로 그곳에서 수감 중이었다. 그리고 우연찮게 우리 학회도 쾰른에서 열렸다.

공항에는 이미 기자들이 나를 기다리고 있었다. 내가 비행기 트랩에서 내려오는 모습, 택시타고 가는 모습을 유리창 사이로 촬영하며 "렘츠마 씨, 여기는 어떻게 오셨습니까?"라고 물었다. 그리고 내가 도착하지도 않은 경찰서에서 무작정 대기하고 있었다. 나중에 신문에서는 내가 '개인 전시회'를 방문했다고 썼다.

나는 학회에 많은 기대를 가졌다. 학회 회원들과의 만남에도 기대가 컸다. 학회는 역설적 상황을 다루었다. 내가 납치되기 바로 전의 학회 주제가 트라우마였다. 그리고 내가 석방되고 한 달 후에 열린 학회 테마도 트라우마였다. 이 학회는 '국제 트라우마, 폭력, 집단학살을 위한 스터디 그룹'의 주최로 개최되었다. 학회는 심리분석가의 인사말로 시작됐다. 환영사는 심리분석가와 어울리지 않게 너무 공식적이어서 딱딱한 면이 없지 않았다. 그는 특히 내가 학회에 참석한 것을 기쁘게 생각한다고 말했다. 왜냐하면 "그가 그 모든 일을 겪고 난 직후라 경황이 없을 것 같아서 우리가 학회 초청장 명단에서 그의 이름을 지웠었죠"라고 말했다. (아니면 "처음부터 이름을 올리지 않았다"고 했다) 스터디 그룹의 나에 대한 환영사는 거기까지였다. 학회 의사일정에서 명단이라는 말이 나오는 것이 이상하게 들리기는 했지만, 이는 쇼아 사건 생존자들의 증언을 듣는 대목이 있었기 때문이다.

학회에 대해서는 여기서 자세히 언급하지 않겠다. 학회는 나에게 부담스러운 면이 있었다. 지금 와서 생각해 보면, 4주 전에 납치극에서 석방된 사람과 한 테이블에 앉아서 트라우마의 원인에 대해 토론한다는 자체가 쉽지는 않았을 것이라고 본다. 이번 학회 일은 내가 좀 더 신중했어야 했다고 본다. 학회에 내가 가지 말았어야 했다. 트라우마의 여러 형태에 관한 토론에서는 모든 테마가 나의 상황에 적용시키는 일로 귀착시키는 웃지 못할 일이 벌어지기도 했다.

그 다음에 내가 언급하고 싶은 것은 '꿈'이다. 하루는 내가 노곤해져 낮잠에 빠져 들었는데, 그때 꿈을 시리즈로 꾸게 되었다. 중간 중간 깨어났다 다시 잠들곤 해서다. 그 꿈들에서 나는 각각 희생자의 역할을 맡았고, 꿈의 결말은 항상 내가 실제로 겪은 사건으로 넘어가곤 했다. 그 꿈은 아직도 생생히 기억이 난다. 나는 보통 다른 꿈에서처럼 곁에 서 있는 인물로 등장하는 것이 아니고 완전한 주인공으로 등장했다. 나는 실제 현실에서 겪는 것처럼 격렬하게 반응했고 몸을 심하게 흔들면서 깨어났다. 어려서부터 이런저런 악몽을 꾸어봤지만 그토록 끔찍한 악몽을 꾸는 것은 처음이었다.

그리고 두어 주 후에 나는 밤에 자다가 침대에서 떨어졌다. 그 전에 꾸었던 꿈은 잊고 있던 터였다. 그런데 아마도 그 꿈이 나를 덮친 것 같다. 이상할 것도 없다. 그건 바로 내가 납치되는 꿈이었다. 나는 다시 잠들었다. 그렇게 잠들고 아침에 깨어났다. 아침식사를 하는데 졸았다. 너무 피곤했다. 전혀 잔 것 같지 않았다. 머리는 누구에게 맞은 것처럼 윙 소리가 났다.

'아, 오늘 하루를 어떻게 지낼 것인가?' 걱정이 앞섰다. 지하실에서 했던 것과 같은 걱정이었다. 낮에 대한 걱정, 밤에 대한 걱정. 간간히 졸던 오전에만 잠깐 괜찮았다. 이런 꿈은 주기적으로 반복되었다. 죽음에 처해 있는 것 같은 두려움이 몰려왔다(포로수용소, 사형집행 대기실 등의 꿈). 그런 다음날 아침이면 전혀 눈을 부치지 못한 것 같은 느낌이었다. 낮에도 하루 종일 꿈속에서 헤매는 날이 많았다. 하나, 둘, 셋 똑똑똑 노크 소리만 들리면 기겁을 하고 깨곤 했다. 한 번은 호텔에서 자고 있다가 깨서 몸이 굳은 채로 앉아 있었다. 왜 그런가 생각해 봤더니 복도에서 발소리가 난 것 같았다. 나는 노크 소리를 기다렸으나 아무도 노크하지 않았다.

그리고 또 다른 현상이 새로이 나타났다. 갑자기 모든 것에 무관심해지는 현상이 그것이다. 모든 것이 어둠침침해지는 것이다. 지하실에서 밤에 깼을 때가 그랬다. 불은 켜 있고, 둘러봐도 별 것이 없었다. 나는 아마 평생 지하실에서 살 것 같다.

유대인 전통에 의하면 메시아가 나타난 상황을 표현할 때 항상 다음과 같이 말하곤 한다. '모든 것은 그전과 똑같다. 다만 약간 비틀려 있다.' 인간의 왜곡된 불안이라는 것은 내가 납치되기 전부터 가지고 있었던 생각이다. 내가 여기서 쭉 묘사하려고 시도한 감정은 한마디로 다음과 같은 포인트를 내놓는 것이다. 모든 것은 예전과 같으나, 다만 나와는 더 이상 맞지가 않는다. 마치 모든 사물을 0.5센티미터씩 왼쪽이나 오른쪽으로 비껴서 보여주는 안경을 끼고 있는 듯하다. 그러다보니 물건을 제대로 집을 수도 없고, 계단을 걸어가기도 쉽지 않다. 아니면 모든 사물의 표면이 곡선으로 구부러져 있어서 사물이 제대로 서 있지 못하는 것과 같았다. 세상과 나는 더 이상 맞지가 않는다.

이러한 현상은 심리적, 신체적 마비를 가져와서 육체적 통증을 유발하게 된다. 심리적으로는 완전한 무관심의 형태로 나타난다. 여기서 말하는 것은 감정이 아니라 모든 것이 의미를 잃게 되는 현상을 말한다. 심지어 죽음과 같은 본질적인 것까지도. 그것은 허튼 소리다. 무엇을 어떤 다른 것과 비교해서 의미를 잃는다는 소리가 아니다. 모든 것이 실제로 무의미해진다. 의견조차 무의미해진다. 중요하지가 않은 것이다.

침울함이나 우울함에서조차 찾을 수 있는 열정의 흔적은 찾아보려 해도 없다. 침울함은 세상에서 아니면 세상 때문에 망한다. 하지만 애초에 세상과 내가 맞지 않는다면 그 모든 것은 더 이상 '중요치 않게 되고', 모든 것은 세상에서 중요한데, 나는 그 속에 있지 않은 것이다.

그렇다. 지하실은 내 인생에 남아 있다. 그러나 내 인생의 일부로 만들 수는 없다. 지하실은 파괴적 침입이자 폭행이며, 돌연히 나타날 수 있는 치외법권인 것이다. 살

지하실에서

다보면 축소된 상황으로 돌아가고 싶은 동경이 생길 때가 있다. 사는 게 너무 힘들 때, 그 힘든 것에 비해서 얻어지는 게 거의 없을 때, 내 발에 쇠사슬을 묶고 아주 작고 익숙한 방에 서 있고 싶을 때가 있다.

이런 끔찍한 소원은 도대체 어디서 오는 것인가? 간단하다. 지하실에는 '세상에-속하지-않은-자아'의 감정에게 나만의 장소가 있었다. 하지만 세상에는 그런 장소가 아무데도 없다. 나는 지하실에서만이 집처럼 느껴졌었다.

납치된다는 건 아무나 할 수 있는 일이 아니다

1996년 4월 29일자 〈조선일보〉 국제란에는 '독일 최고액 150억 원 인질몸값 갈취사건'이란 제목으로 다음과 같은 기사가 실렸다.

연초 재벌, 한 달여 만에 풀려나…
범인 오리무중

독일의 한 백만장자가 인질범들에게 납치된 지 한 달여 만에 3천만 마르크(약 1백 50억 원)의 몸값을 주고 풀려난 사건이 발생, 독일 전역이 떠들썩하다. 독일 내 사상 최고액 인질 몸값 지불 기록을 세운 이번 사건 해결을 위해 경찰은 인질범들의 목소리를 공개하는 한편, 범인 체포에 결정적 단서를 제공하는 제보자에게 10만 마르크(5천만 원)의 현상금을 내걸고 있지만 아직 범인들은 오리무중이다. '스투이베산트(STUYVESANT)' 상표의 담배를 만들어내는 독일 연초 재벌 베른하르트 렘츠마의 손자인 얀 필립 렘츠마(43)가 납치된 것은 지난 달 25일. 그는 자택 앞에서 2명의 괴한에게 납치됐다. 독일 번호판이 아닌 화물용 밴에 실려진 그는 어느 주택 지하에 쇠사슬에 발이 묶인 채 감금됐다. 범인들은 그에게 하루 세 끼 식사와 함께 읽을거리를 넣어주고 옷도 정기적으로 갈아입혀주는 등 '인간적'으로 대해주었다고 렘츠마 씨는 말하고 있다···.[1]

이 책 《지하실에서》는 위 사건의 주인공이 쓴 에세이다. 이 사실만으로도 독자들의 호기심은 충분히 자극될 것이다. 납치된다는 건 아무나 할 수 있는 일이 아니다. 더 어려운 것은, 자칫 선정적으로 소비되기 쉬운 이 특별한 경험으로부터 진지한 사유를 이끌어내는 것이다. 저

---

1 http://m.chosun.com/svc/article.test.html?sname=news&contid=1996042970070

자 렘츠마 교수는 이 힘든 일 두 가지를 '성공적으로' 해 냈다.

인질로서의 경험을 준 건 '백만장자'라는 조건이었지 만, 33일간 지하실에서 겪은 일들을 독자의 경험으로 만 들 수 있는 건 저자가 지닌 이야기꾼으로서의 역량이다. '이야기꾼은 그가 이야기하는 것을 자기 자신의 경험 혹 은 자기가 들은 경험에서 가져온다. 그리고 그는 이를 다 시 자신의 이야기를 듣는 사람들의 경험으로 만든다.'[2]

이 책에는 혹여 우리가 납치당했을 때 도움이 될 만한 지침이나 정보 같은 건 전혀 없다. 허나 마지막 페이지를 덮는 독자는 인간에 대해 이전보다 더 많이 이해하고 있 을 것이다.

- 김남시(이화여대 조형예술대학 교수)

---

2 Walter Benjamin, GS II, 443.

지하실에서

초판 1쇄 인쇄 2017년 10월 24일   **초판 1쇄 발행** 2017년 10월 30일

지은이 얀 필립 렘츠마
옮긴이 조유미

펴낸이 천정한
펴낸곳 도서출판 정한책방
인쇄제책 (주)아이엠피
종이 NPAPER
출판등록 2014년 11월 6일 제2015-000105호
주소 서울 마포구 모래내로7길 38 서원빌딩 301-5호
전화 070-7724-4005   **팩스** 02-6971-8784
블로그 http://blog.naver.com/junghanbooks
이메일 junghanbooks@naver.com

ISBN 979-11-87685-18-0 (03300)

이 도서의 국립중앙도서관 출판예정도서목록(CIP)은
서지정보유통지원시스템 홈페이지(http://seoji.nl.go.kr)와
국가자료공동목록시스템(http://www.nl.go.kr/kolisnet)에서 이용할 수 있습니다.
(CIP제어번호: CIP2017027089)